Ludwig Keller

Die Anfänge der Reformation und die Ketzerschulen

Untersuchungen zur Geschichte der Waldenser beim Beginn der Reformation

Ludwig Keller

Die Anfänge der Reformation und die Ketzerschulen
Untersuchungen zur Geschichte der Waldenser beim Beginn der Reformation

ISBN/EAN: 9783743663060

Hergestellt in Europa, USA, Kanada, Australien, Japan

Cover: Foto ©ninafisch / pixelio.de

Weitere Bücher finden Sie auf **www.hansebooks.com**

Die Anfänge der Reformation
und die
Ketzerschulen.

Untersuchungen zur Geschichte der Waldenser beim Beginn der Reformation.

Von

Ludwig Keller.

Berlin 1897.

R. Gaertners Verlagsbuchhandlung
Hermann Heyfelder.
SW. Schönebergerstrasse 26.

Vorwort.

Die Entstehungsgeschichte der grossen religiösen Bewegung des 16. Jahrhunderts, die die Entwicklung aller abendländischen Nationen tiefer als irgend ein anderes Ereignis der neueren Zeiten beeinflusst hat, bildet unstreitig eines der wichtigsten und interessantesten Probleme geschichtlicher Forschung. Wenn trotz der vielfachen Erörterungen, die diese Frage im Laufe der Zeit erfahren hat, diejenige Betrachtung des Ursprungs wie der geistigen Zusammenhänge noch heute im Wesentlichen die Herrschaft behauptet, welche von den Kirchen-Geschichtsschreibern der mehrmals zum Siege gelangten Religionsparteien frühzeitig festgelegt wurde, so hängt dies zum Teil mit der Thatsache zusammen, dass diese Parteien an der Festhaltung einer bestimmten Überlieferung und Anschauungsweise ihrer Anhänger und Gläubigen ein sehr natürliches Interesse hatten. Enger, als viele glauben, sind bestimmte geschichtliche Auffassungen über Vorgänge, die zur Begründung eines dogmatischen Systems führten, mit den Dogmen selbst verknüpft und wer die einen zu ändern versucht, kann sehr leicht die anderen erschüttern.

Neben dieser schon im 16. Jahrhundert zur Herrschaft gelangten, so zu sagen offiziellen Betrachtungsweise, hat es von jeher eine vielfach abweichende Anschauung gegeben, die weder der römisch-katholischen, noch der lutherischen Darstellungsweise dieser Vorgänge sich anschloss, die aber sowohl unter den Evangelischen wie in gewissen katholischen Kreisen manche Anhänger besessen hat, ohne dass sie hätte durchdringen können.

Der Kernpunkt dieser Beschauungsweise ist der, dass auch innerhalb der evangelischen Welt ein ununterbrochener Entwicklungsgang und eine geschichtliche Continuität von einer das 16. Jahrhundert weit übersteigenden Dauer vorhanden ist, dass mithin keineswegs, wie die Katholiken sagen, erst seit 1517 ein „unerhörter Abfall vom wahren Glauben" in der abendländischen Welt Platz gegriffen hat und ebensowenig erst mit Luther, wie seine Anhänger meinen, das Licht des Evangeliums in die Welt gekommen ist.

Wir haben in früheren Schriften versucht, diese Anschauung wissenschaftlich zu begründen und die vornehmsten geistigen Träger dieses Zusammenhangs, soweit sie organisiert waren, aufzuzeigen. Es hat sich dabei herausgestellt, dass diejenigen Religionsgemeinschaften, die die eigentlichen Träger waren, seit 1525 von den Vertretern der damals zur Herrschaft gelangenden lutherischen Kirche ebenso bekämpft worden sind, wie vor 1525 von der katholischen, obwohl zwischen den ursprünglichen Grundsätzen des evangelischen Glaubens, wie sie Luther bis etwa 1524 vertreten hat, und den Anschauungen jener älteren Evangelischen, eine nahe innere Verwandtschaft und ein enger geschichtlicher Zusammenhang vorhanden ist.

Der Gang der Erörterung, die sich an unsere erwähnten Schriften anschloss, liess es nun wünschenswert erscheinen, neue Belege und weitere Beweisgründe für die darin vertretenen Anschauungen beizubringen. Diesen Erwägungen ist die vorliegende Arbeit entsprungen, die mithin keine grundsätzlich neuen Auffassungen aufstellen, sondern lediglich bereits früher vorgetragene mit neuem Material begründen und stützen will. Ihre Ergebnisse müssen daher im Zusammenhang mit jenen älteren Arbeiten betrachtet werden, auf die wir vielfach Bezug nehmen mussten.

Nach Abschluss dieser Schrift ist das Buch von H. Lüdemann, „Reformation und Täufertum in ihrem Verhältnis zum christlichen Prinzip." Bern 1896, zu unserer Kenntnis gekommen, das der Bekämpfung der von uns vertretenen Auffassungen gewidmet ist. Die Ungehörigkeit des Tones, den diese Schrift in ihrer Polemik anzuschlagen beliebt, soll uns nicht abhalten, die darin vertretenen Anschauungen sachlich zu prüfen. Wir hoffen das Ergebnis in einer zu veröffentlichenden Erwiderung vorlegen zu können.

Berlin-Charlottenburg, am 18. Dezember 1896.
Berliner Str. 22.

Dr. Ludwig Keller.

Die Anfänge der Reformation und die Ketzerschulen.
Untersuchungen
zur Geschichte der Waldenser beim Beginn der Reformation.
Von
Ludwig Keller.

Es ist in den geschichtlichen Handbüchern üblich, die deutsche Geschichte, abgesehen von den ältesten Zeiten, in zwei grosse Abschnitte zu zerlegen, in die Periode des Mittelalters, die bis zum Jahre 1517 reicht und in die Periode der neueren Zeit, die von da an bis in den Beginn unseres Jahrhunderts gerechnet zu werden pflegt. Diese Einteilung ist unrichtig, verleitet zu Irrtümern aller Art und reisst zusammengehörige Epochen auseinander. In Wirklichkeit zerfällt die deutsche Geschichte in drei in sich zusammenhängende und von einander wesentlich verschiedene Zeitabschnitte, in eine ältere, eine mittlere und eine neuere Zeit, von denen die erste etwa bis zur Mitte des 14. Jahrhunderts, die zweite von 1350—1650 und die dritte von 1650 bis in unser Jahrhundert reicht.

Man sagt im Grunde nichts neues, wenn man diese Teilung aufstellt. Schon Treitschke hat (Deutsche Geschichte I⁴, 5) sehr richtig bemerkt, dass um die Zeit des westfälischen Friedens die neuere deutsche Geschichte beginnt, und die Kunsthistoriker haben ebenso wie die Germanisten längst beobachtet, dass die Geschichte der deutschen Kunst und der deutschen Sprache drei und nicht zwei Epochen kennt, die ebenso von einander verschieden wie jede in sich zusammenhängend sind und dass diese drei Abschnitte mit den oben angegebenen Zeiträumen zusammenfallen.

Das Emporsteigen der brandenburgisch-preussischen Monarchie seit 1650, die englische Revolution mit ihren Folgen, die Loslösung der Wissenschaften von der Bevormundung der Kirche, das Emporkommen einer weltlichen Bildung und eines Zeitalters der exakten Wissenschaften, wie es durch Leibniz, Comenius, Newton, Pufendorf begründet wurde und die Überwindung der Scholastik, die mit dem Jahre 1517 keineswegs erloschen war, prägt der neueren Zeit den Stempel auf.

Mit dem 30jährigen Krieg fand das Zeitalter der Religionskriege, das mit Ludwig dem Baiern und Wiclif begonnen hatte, seinen Abschluss. Diese Religionskämpfe aber hängen unter sich auf das engste zusammen und es ist ein ganz vergebliches Bemühen, die Kämpfe des Protestantismus seit 1517 losgelöst von den früheren Kämpfen, die gegen die Lehren und die Vorherrschaft des Papsttums geführt wurden, betrachten und verstehen zu wollen.

Es giebt noch heute grosse Parteien in der lutherischen Kirche, die die Gestalt Luthers dadurch heben zu sollen glauben, dass sie das Licht des Evangeliums, das die mittelalterliche Finsternis angeblich zum Abschluss brachte, erst mit dem Jahre 1517 in die Welt kommen lassen. Da diese Vorstellung vielfach geradezu eine dogmatische Bedeutung gewonnen hat, so darf man nicht hoffen, jene kirchlichen Kreise davon zu überzeugen, dass Luther in den ersten Jahren seines Auftretens durchaus auf den Schultern von Vorgängern und Vorläufern steht, mit denen er sich im Wesentlichen eins gewusst hat[1]) und dass er erst seit etwa 1524, wo unter seinem Einfluss sich die Bildung lutherischer Landeskirchen vollzog, vielfach eigne Wege eingeschlagen hat, die ihn von den älteren Bestrebungen abführten.

Andererseits hat es freilich von je unter den Protestanten Männer gegeben, die auch für die evangelische Welt einen geschichtlichen Zusammenhang von einer das 16. Jahrhundert weit übersteigenden Dauer annahmen und der Gedanke der „Re-

---

[1]) Luther schreibt im Februar 1520 an Spalatin: „Vide monstra, quaeso, in quae venimus sine duce et doctore Bohemico. Ego prae stupore nescio, quid cogitem, videns tam terribilia Dei judicia in hominibus, quod veritas evangelica apertissima jam publice plus centum annis exusta pro damnata habetur, nec licet hoc confiteri. Vae terrae. (Enders, Luthers Briefwechsel. 1884 f. II, 345 nr. 280.)

formatoren vor der Reformation" hat auch litterarisch einige Vertreter gefunden.

Die Gründe, die die mangelnde Einsicht in diese für das Verständnis der Reformation so wichtigen Vorgänge herbeigeführt haben, sind sehr mannigfacher Art und können hier im Einzelnen nicht untersucht werden. Aber einige derselben sind doch so wichtig, dass sie einleitungsweise hier geschildert werden müssen.

Man hat die religiösen Bewegungen des 16. Jahrhunderts bis jetzt deshalb viel zu wenig in ihren geschichtlichen Zusammenhängen mit den älteren Kämpfen betrachtet, weil die letzteren bis dahin überhaupt in ihrem Wesen wie in ihrer Bedeutung keineswegs hinreichend gewürdigt und genügend bekannt geworden sind. Die römische Kirche hatte, nachdem sie äusserlich siegreich aus dem Kampfe mit den „Ketzern" hervorgegangen war, ein natürliches Interesse daran, die wahre Geschichte und vor allem die innere Bedeutung des unterlegenen Gegners zu verdunkeln und sie verdrängte daher aus der Litteratur, die sie beherrschte, jede sachliche Würdigung, ja thunlichst selbst das Gedächtnis der Männer und Systeme, die ihr einst als Feinde gegenüber gestanden hatten. Als dann seit 1524 die lutherischen Landeskirchen, die von den älteren ausserkirchlichen Religionsgemeinschaften sich in den wesentlichsten Punkten unterschieden, ins Leben traten, wurden deren Glieder sich bald bewusst, dass sie als Staatskirchen auf lutherischer Grundlage in der Religions- und Kirchengeschichte ohne unmittelbare Vorläufer dastanden, ja, es entstand die Idee, dass die lutherische Kirche eine Reform der katholischen Kirche darstelle und dass sie also ihre wahre und eigentliche Wurzel keineswegs in älteren ausserkirchlichen Gemeinschaften, sondern in der römisch-katholischen Kirche selbst zu suchen habe. Unter diesen Umständen war für die lutherische Kirche als solche keinerlei Interesse vorhanden, etwaige geistige Zusammenhänge mit älteren Vorläufern festzustellen, vielmehr nahmen ihre Vertreter (von Ausnahmen abgesehen) alsbald gegenüber den „Sekten" und „Ketzern" des 14. und 15. Jahrhunderts genau dieselbe Stellung ein, die von der römischen Kirche eingenommen wurde.

Anders freilich war es bei den älteren Reformirten. Lange Zeit hindurch lebte hier die Überlieferung, dass die evangelische Lehre und deren Ceremonien weit älter seien, als Luthers und Zwinglis Auftreten, ja dass sie von jeher innerhalb der Christenheit Anhänger besessen habe. „Gott der Herr" — so erklärten die amtlichen Vertreter der reformirten Kirche des Herzogtums Cleve im Jahre 1664 — „hat jeder Zeit gewisse Leute und Werkzeuge mit dem Licht seines Evangelii erleuchtet und erwecket." Unter diesen, fahren sie fort[1]), sei um das Jahr 1160 Petrus Waldus und die Seinen gewesen, die „fürnehme Kirchen und Gemeinen durch ganz Europa gehabt, als in Frankreich, in Arragonien, Catalonien, Spanien, England, Niederland, Deutschland, Böhmen, Polen, Lithauen, Österreich, Ungarien, Kroatien, Dalmatien, Italien, Sicilien u. s. w." Obwohl diese Gemeinden „in den Glaubens-Artikeln und dem Fundament der Seligkeit sonst einig gewesen", so habe man doch allerlei Namen (wie Lollarden, Waldenser, Albigenser, Lionisten u. s. w.) für sie erfunden, um sie zum Gespött zu machen oder dem Hasse preiszugeben.

Indessen verlor diese Überlieferung in demselben Mass an Lebendigkeit und Kraft, als die reformirte Kirche an kirchlichem und religiösem Einfluss gegenüber den lutherischen Staatskirchen einbüsste und indem die Vertreter der letzteren nicht ganz ohne Grund auf das Fehlen wissenschaftlicher Beweise für jene Zusammenhänge hinwiesen, war es ihnen um so mehr erleichtert, das Bestehen einer evangelischen Kirche vor Luther zu leugnen, als es thatsächlich eine „Kirche" im Sinne der nachmaligen protestantischen Landeskirchen vor dem Jahre 1525 nicht gegeben hat und nicht hat geben können, weil die älteren Evangelischen den Begriff der „Kirche", wie ihn Luther und Zwingli fassten, nicht gekannt haben. Gerade diese Verschiedenheit des Kirchenbegriffs hat ebenso sehr den wahren Einblick in die geschichtlichen Zusammenhänge wie in das eigentliche Wesen der älteren Evangelischen erschwert und jede Erörterung des Zusammenhangs muss von der Betrachtung dieses Punktes ihren Ausgang nehmen.

Die sichtbare Kirche im Sinne der protestantischen Staatskirchen und der römisch-katholischen Kirche ist an den Besitz eines bestimmten Glaubensbekenntnisses und der Gnadenmittel und Sakramente gebunden. „Wo die Taufe und das Evangelium ist", sagt Luther gelegentlich, „da soll Niemand zweifeln, es seien die Heiligen da und solltens gleich eitel Kind in der Wiegen

---

[1]) Siehe M. H. der C. G. 1896 S. 63. Über die gleiche Überlieferung in Mähren siehe M. H. 1895 S. 129.

sein", und Bellarmin fasst denselben Gedanken in die Worte, dass zum Wesen der Kirche „das Bekenntnis des Glaubens und die Teilnahme der Glieder an den Sakramenten gehöre".

Ganz im Unterschiede hiervon waren die älteren Evangelischen der Ansicht, dass die Gemeinde auch dort vorhanden sein könne, wo neben den heiligen Schriften, die sie festhielten, ein schriftlich formulirtes Bekenntnis fehle und der Gebrauch der h. Handlungen ruhe. Das Kennzeichen der Gemeinde erkannten sie vielmehr in dem rechtmässigen Besitz der Gewalt des Amtes und in dem dadurch gewährleisteten Zusammenhang mit den Christen der ersten Jahrhunderte, deren Lehren und Glauben sie als Norm und Richtschnur betrachteten, sowie in der Festhaltung der Gemeinde-Ordnung und Verfassung, die Christus nach Ausweis der h. Schriften seiner Gemeinde gegeben und die die Apostel und ihre Nachfolger beobachtet hatten.

Es war eine grundlegende Bedeutung, welche sie diesen Punkten beilegten. Sie glaubten, dass die Worte Christi oder die „Herrenworte" (wie sie sagten) nicht bloss Zusagen und Verheissungen oder Regeln des Glaubens seien, sondern dass durch sie auch die Grundzüge der Gemeindeordnung, wie sie Christus gewollt habe, festgelegt seien. Ganz im Gegensatz zu denen, die die klaren und bestimmten Anweisungen der h. Bücher ausser Acht lassen zu dürfen glaubten, hielten sie sich für verpflichtet, sich den Befehlen Christi und der Apostel nicht bloss in Bezug auf Lehre und Glauben, sondern auch in Bezug auf die Verfassung und Ordnung ihrer Kirche zu unterwerfen.

In der diesen „Ketzern" des Mittelalters eigentümlichen Ausdrucksweise (die vielfach zu Missverständnissen Veranlassung gegeben hat), nannten sie die bezüglichen Anweisungen das „Gesetz Christi" oder die „evangelischen Gebote" und man kann in ihren Schriften oft die Wendung finden, dass sie der römischen Kirche deshalb nicht angehören könnten, weil diese das „Gesetz Christi" schon seit den Zeiten des Kaisers Konstantin und des Papstes Sylvester verlassen und verworfen habe. Sie wollten einer Priesterkirche, wie sie seitdem bestand, ebenso wenig wie einer Staatskirche angehören und blieben bei ihrer Überzeugung, dass Christus ausschliesslich eine Gemeindekirche habe aufrichten wollen, wie sie die Christen der ersten Jahrhunderte besessen hatten.

Thatsächlich hatte die römische Kirche, wie bekannt, seit dem Übertritt Konstantins die ältere apostolische Gemeindeverfassung, wie sie noch das zweite und dritte Jahrhundert festgehalten hatte, aufgegeben und eine der Verfassung des römischen Staates angepasste Organisation an deren Stelle gesetzt. Damit war für sie die Möglichkeit verloren gegangen, die Befehle Christi in ihrem ursprünglichen Sinne zur Verwirklichung zu bringen und man hatte sich gezwungen gesehen, allerlei Auswege zu suchen, die die alte Verfassung völlig umgestalteten.

Zu den wesentlichen Stücken der älteren Gemeindeverfassung gehörte das Apostolat, wie es nach Ausweis der „Lehre der zwölf Apostel" noch im zweiten Jahrhundert bestand, d. h. jenes Kollegium wandernder Prediger, dessen Glieder nach den Vorschriften des „Gesetzes Christi", wie es bei Matth. 10, 1 ff. und Luc. 9, 1 ff. u. s. w. aufgezeichnet steht, lebten.

Seitdem die römische Kirche dieses Apostelkollegium beseitigt hatte, sah sie sich, da sie die bezüglichen Vorschriften nicht aus der Welt schaffen konnte, zu dem Auswege genötigt, zu erklären, dass Christus zum Teil Befehle, zum Teil aber nur Ratschläge gegeben habe, welch' letztere nur für die, welche die christliche Vollkommenheit erreichen wollten, gegeben seien. So trat an die Stelle des alten Apostelkollegs das Mönchtum mit der bekannten Theorie der Ratschläge, die allmählich eine Umwandlung vieler alten Grundsätze und Anschauungen bewirkte.

In scharfem Gegensatz zu dieser Theorie erkannten die älteren Evangelischen die Lehre von den „Ratschlägen" nicht an, sondern blieben dabei, dass die Anweisungen Christi Befehle und Gesetze seien — nur mit der Massgabe, dass Christus, wie er selbst klar und bestimmt andeutet, einen Teil seiner Anweisungen (z. B. die Lehren der Bergpredigt) für alle Menschen, einen andern Teil aber lediglich für diejenigen gegeben hat, die als wandernde Prediger im Dienste des Evangeliums wirken wollen; denn die Apostel, sagten die „Waldenser", sind ein wesentlicher und dauernder Bestandteil der Gemeindeverfassung, wie sie von Christus bei Stiftung seiner Gemeinde angeordnet worden ist.

Wir können hier auf eine Schilderung des Apostelkollegs wie es sich bei den älteren Evangelischen viele Jahrhunderte hindurch findet, nicht näher eingehen und müssen auf die Aus-

führungen verweisen, die wir an anderen Stellen gegeben haben¹).
Nur eins sei hier bemerkt. Es war natürlich, dass den kirchlichen
Gegnern der „Waldenser" die charakteristische Eigenart der Apostel,
die nach bestimmten Regeln lebten, besonders in die Augen fiel,
und dass übelwollende oder oberflächliche Betrachter geneigt waren,
die Unterschiede, die zwischen den Mitgliedern dieses Kollegiums
einerseits und den Credentes und Socii andererseits — es gab
drei Stufen des Gemeindelebens — vorhanden waren, zu übersehen
und mancherlei asketische Besonderheiten der Wanderprediger
als Kennzeichen der ganzen Gemeinschaft hinzustellen.

So erklärt es sich, dass viele Aussenstehende in dieser
Religionsgemeinschaft lediglich eine Art von Mönchsorden erkannten, und dass man als hervorstechendes Kennzeichen der
ganzen Gemeinschaft die Askese und Weltflucht ansah, die
in Wirklichkeit nur die Eigenart eines engeren Kreises von Be-
rufsgenossen und Dienern der Gemeinde war oder sein sollte.
Die echte und reine Überlieferung der älteren Evangelischen
kennt die Weltentsagung lediglich als Pflicht der „Gottesfreunde"
oder „Apostel", die in dem schweren Amt, das ihnen unter dem
Druck der Verfolgungen oblag — es war ihre Pflicht, das Evangelium den „Freunden" zu predigen und sie waren daher die
Missionare der Gemeinschaft — zur Selbstentäusserung und zum
Opfermut erzogen werden mussten.

Ausser dem Apostelamt kannte die „Ordnung Christi", wie
diese „Ketzer" sie verstanden, in der Gemeinde Bischöfe und
Älteste, für welche die gesetzmässige Übertragung der Amtsgewalt durch die Handauflegung gefordert ward, und ferner
Diakonen, Diakonessen, Evangelisten und Lektoren.

Da sie weder die Gewissen bindende Bekenntnisse besassen,
auch keine Gnadenvermittlung durch die Sakramente kannten —
man weiss, dass eben der letztere Gedanke und die damit ver-
bundene Idee des Opfers den Priesterstand der römischen
Kirche begründet hat —, so mussten sie um so mehr Gewicht
darauf legen, jede einzelne Gemeinde durch feste Formen in einer
regelmässigen und gesetzmässigen Verbindung mit der Gesamtge-

---

¹) Keller, Die Reformation u. d. älteren Reformparteien. Lpz. 1885
(Register s. v. Apostel); ders., Die Waldenser u. die deutschen Bibelüber-
setzungen. Lpz. 1886 (Register); ders., Joh. v. Staupitz und die Anfänge der
Reformation. Lpz. 1888 (Register).

meinde zu erhalten: das geschah durch die Handauflegung, die mit der Idee der apostolischen Succession verwandt, aber doch wesentlich von ihr verschieden war. Schon die altchristlichen Gemeinden kannten einen Dienst *(λειτουργία)* der Ältesten, der auf die Apostel zurückgeführt wurde, und derselbe Gedanke begegnet uns im Mittelalter bei den Gemeinden, die man Waldenser nannte.

Während das Kollegium der Apostel sich durch Zuwahl ergänzte, wurden die übrigen Ämter unter wesentlicher Mitwirkung der Gemeinde bestellt. Nachdem Christus sich selbst zum Opfer gebracht hatte, war der Zweck des jüdischen Opferkultus, nämlich die Versöhnung Gottes, ein für allemal erreicht. An die Stelle des Opferdienstes und des Priestertums war nach ihrer Ansicht jetzt das allgemeine Priestertum aller Gläubigen getreten und hierdurch erwuchsen allgemeine Rechte und Pflichten der Gemeinde an der Mitregierung und Verwaltung der Kirche.

Diese Auffassungen und Grundsätze machten es den älteren Evangelischen möglich, innerhalb der bestehenden Kirchen im Stillen zu existieren; wie die altchristlichen Gemeinden innerhalb der heidnischen Staatskirchen trotz schwerer Verfolgungen sich im Geheimen fortgepflanzt hatten, so war auch für die „Sekten" des Mittelalters die Möglichkeit vorhanden, ihre Organisation und ihre Andachten entweder in religiösen Formen oder unter dem Schleier weltlicher Bräuche, wie sie z. B. die Zunftverfassung darbot, innerhalb der römischen Priesterkirche fortzusetzen. Da die Teilnahme an den öffentlichen Gottesdiensten in den Kirchen den Gläubigen unverwehrt blieb, so war es in der Regel schwer, die Angehörigen einer solchen „Christengemeinde" zu ermitteln, und die Verfolgungen trafen denn in der Regel auch nur die Apostel, die durch die Beobachtung der apostolischen Regel sich von den Laien unterschieden und leicht Verdacht gegen sich erweckten.

Aus diesen Darlegungen ergiebt sich, dass es thatsächlich eine evangelische Kirche, in dem Sinn wie der Begriff der protestantischen Staatskirchen seit 1525 wissenschaftlich und gesetzlich festgelegt wurde, nicht gegeben hat: es fehlten eben den älteren Evangelischen die wesentlichen Kennzeichen der nachmaligen Kirchen, während letztere dasjenige, was die älteren Religionsgemeinschaften als das Wesen der rechten Gemeinde betrachteten, aufgegeben hatten. Es war in der That ganz begreiflich, dass die nachmaligen protestantischen Staatskirchen mit den älteren evangelischen Gemeinden sich nicht identifizieren konnten.

I.

Es war ein durch die Umstände gebotenes Gesetz, dass die heimlichen Gemeinden und Brüderschaften, die man Ketzer nannte, schriftliche Aufzeichnungen über ihre Ziele, ihre Verfassung und ihre Mitglieder unterliessen und dass sie als solche in die Bewegungen der Zeit nicht eingriffen. Sie mussten sich als Gemeinschaft damit begnügen, die Einzelnen im Geiste der Gesamtheit zu erziehen und es ihnen dann überlassen, als Einzelne auf ihrem Posten für die gemeinsame Sache zu wirken.

Daher kommt es, dass es heute sehr schwer ist, eine Geschichte dieser älteren Evangelischen zu schreiben. Aus dem Dunkel, das sie in der Not der Zeit selbst über sich gebreitet haben, flackert nur von Zeit zu Zeit ein Licht auf, und fast nur aus den Akten der Ketzerprozesse lässt sich gelegentlich einmal feststellen, dass irgendwo ein oder mehrere Mitglieder unvorsichtig genug gewesen sind, ihr volles Herz nicht hinreichend zu wahren. Nur in Zeiten allgemeiner religiöser Erregung, wie sie im 15. Jahrhundert die grossen böhmischen Ketzerkriege und seit 1517 das Auftreten Luthers mit sich brachte, wird das Kampffeld aus den Zunftstuben und Werkstätten auf die Märkte und in die Kirchen verlegt und wie durch einen Zauberschlag sieht man an hundert Orten Organisationen auftauchen, die sich nun auch als solche an dem Kampfe der Geister beteiligen und auf diese Weise dem Historiker es erleichtern, absichtlich verwischten Spuren wenigstens einigermassen geschichtlich nachzugehen.

„Nicht wenige Männer, schreibt Ulrich Zwingli im Jahre 1527 an Luther, hat es früher gegeben, die die Summa und das Wesen der (evangelischen) Religion ebensogut erkannt hatten als Du." „Aber aus dem ganzen Israel, führt er fort, wagte es niemand, zum Kampfe hervorzutreten, denn sie fürchteten jenen mächtigen Goliath, der mit dem furchtbaren Gewicht seiner Waffen und Kräfte in drohender Haltung dastand"[1]).

---

[1]) In der Freundlichen Auslegung (Amica exegesis) 1527.

Wer hätte bessere Gelegenheit gehabt, die Verhältnisse der Zeit und die Gegensätze und Kräfte der Parteien zu kennen, als Zwingli, der zeitweilig den älteren Evangelischen so nahe stand? Da so ziemlich alles, was „Sekten" und „Ketzer" heisst, kaum der Beachtung wert scheint, so hat man auch an offenliegenden Thatsachen vorbeigesehen und ist bis zu der Behauptung fortgeschritten, dass ernstere Spuren vorreformatorischer Ketzer um den Beginn der Reformation kaum nachzuweisen seien.

Wir haben das Unzutreffende dieser Angabe schon in früheren Schriften eingehend dargethan[1]); aber es ist offenbar wünschenswert, noch weiteres Material beizubringen und wir wollen uns dieser Aufgabe nicht entziehen. Ehe freilich einmal planmässig alle Quellen zur Geschichte der „Ketzerei" (die böhmischen Brüder und die italienisch-französischen Waldenser, sowie die mit ihnen zusammenhängenden Brüderschaften und Sodalitäten eingeschlossen) um das Jahr 1515 erforscht und veröffentlicht sind, werden alle Einzelheiten, die man heute ans Licht zieht, nur bescheidene Bausteine bleiben. Einstweilen aber sind auch diese von um so grösserem Wert, je mehr diese wichtige Frage, die mit dem Ursprung und den Anfängen der Reformation doch auf das engste zusammenhängt, bisher vernachlässigt worden ist.

Im Jahre 1524 erschien ohne Druckort, Drucker und Verfasser-Angabe eine kleine Schrift unter dem Titel:

Troſtbrieff der Chriſtlichen kirchen | diener zu Wormbs an die frommen Apoſteln und be | kenner Jeſu Chriſti ſo itzt zu Meintz, Rin | gaw und allenthalben im Biſtum ge | fangen liegen, iren lieben Brüdern. | M. D. XXIIII. | Pſal. V. 7 Du wirſt die lugner umb= bringen, der herr hat grewel | an den blutgirigen unnd ſchalckhafftigen. A. 1 — C. 4. 4°

Es wäre in hohem Grade wünschenswert, dass das merkwürdige Büchlein, das bisher noch nirgends Beachtung gefunden hat[2]), seinem vollen Wortlaut nach bekannt würde. An dieser Stelle müssen wir uns darauf beschränken, einige Stellen wiederzugeben, die für unsere Zwecke von besonderem Interesse sind;

---

[1]) Keller, Die Reformation etc. S. 400; ders., Joh. v. Staupitz etc. S. 242 ff.

[2]) Ein Exemplar befindet sich in der Stadt-Bibliothek zu Mainz. In den bekannten Werken von Weller, Rep. typogr. und von Panzer, Annalen, fehlt die Schrift.

wir werden am Schlusse einige erläuternde Bemerkungen anknüpfen.

Die Anrede und Überschrift lautet:

„Wir von gottes gnaden Bischove und eltisten der Christ | lichen gemein zu Wormbs den heyligen Aposteln und | bekennern gottes, so ietz unnd des namen willen unsers | herren Jesu Christi uber seinem wort in hafft unnd | todes geferde kommen sein zu Meintz."

Zu Eingang des Textes heisst es:

„Gnad sei mit euch und frid von gott unserm vatter und unserm herren Jesu Christo. Gebenedeiet sei got der barmhertzigkeyt und got alles trosts, der uns tröstet in allem unserm trübsal, da wir trösten künden die do sein in allerley trübsal mit dem trost, damit wir tröstet werden vor got. Dann wie des leidens Christi vil über uns kompt, also kompt auch vil trostes über uns durch Christum. 2. Corinth 1."

Bl. A. 2 heisst es:

„Aus eurem leben aber lieben brüder, auss des vertrawen und glauben in got, der von euch weit verkündet wirt, welchen ir das heufflein Christi treulich ungefelscht gelert hat, dan solche zeugnis habt ir von vilen frommen menschen, wie ewer ermanung nit zu irthum noch zu unreynikeyt gedient hab (1. Thess. 2), sei nit mit list geschehen, sonder wie euch das Evangelion von got befohlen und zu predigen vertrawt also habt ir geredt . . ."

Die Bischöfe und Ältesten der christlichen Gemeinde halten es für ganz gewiss, dass die Männer, die sich in ihrer Lehrthätigkeit bisher als „tapfere, grossmütige und weidliche Männer" gehalten haben, auch jetzt, wo sie von ihrer Obrigkeit, dem „Bischof von Mainz", zu Rede gestellt und „betedigt" worden, die „Freiheit ihres Glaubens davon bringen und nicht wanken werden".

„Also, lieben man und brüder, dieweil ir die priester sind under dem volck gottes und mit dem wort Christo irer vil gewonnen hat, gedenckt der geschrifft, die des trosts voll ist und seit frölich . . . Abraham ist versucht und mit trübsalen probirt und derhalben Gottes frund worden . . ."

„Es erkennens die vermeinten geystlichen, Christi und unser feindt, zur sohung und todtung nit guug sein, das von uns die heylig geschrifft, das hochwirdig Evangelion geprediget wird . . . so suchen sie (vielmehr) listen und trigereien, zu verdammen, zu lestern und zu tödten, auf das wir von der welt wie ketzer, wie es volcks verfürer,

wie ungehorsame vatterlichen gesetzen, gebracht und verderbet werden
. . . ." (Bl. A. 3¹.)

„Zu solchem schreiben verursacht uns, das wir hören, wie uff euch zu Meintz und anderswo uff andere **Christliche Brüder** betriglichen gedicht und von den **Papistischen** geystlichen so felschlich gelogen würdt, wie die pfaffen Baal, die **werdtheyligen** ir bösen gotlosen männer über euch uffthun und reden wider euch unverschampt mit falschen zungen und beligen euch mit hessigen worten allenthalben und sagen, eyner hab ein kelch gestolen, der ander korn, der drit gelt, der vierd ichts anders, der funft hab seines bruders ceweip begert und dergleichen andere laster; haben also ire falsche zungen geübt, lügen zu reden und sich gemuet böses zu wircken, vermeinen damit des wort gottes verhinderung, des Worts verkünderen schandt, hass und bei jederman ungunst zuzurichten, wie dan newlich zwen giftige Papisten pfaffen zu **Heydelberg** des **frommen Prediger Wenceslao** genant zu schmach nachteyl und lesterung ja verfluchung dem göttlichen wort ein schendtlich thadt und laster der unkeuscheyt vor jederman uff des schissen außgeben und erdicht haben . . ." (Bl. A. 4.)

„Euch hat got sünderlichen beruffen zu dem **Apostelamt**, das ir auch treulich getrieben hat, hats euch einmal gefallen und habts willig angenommen, so losts euch auch gesagt sein, was er zu seinen jüngern gered hat Mat. 5: Sihe ich send euch wie die schaff mitten under die wölff . . . ." (Bl. B. 1¹.)

Auf Bl. B. 2¹ wird auf der Gegner häufige Versammlungen und Ratschläge, sonderlich auf die Versammlung vieler Bischöfe zu Regensburg[1]), Bezug genommen.

Bl. B. 3 heisst es:

„Treulichen aber und brüderlichen wollen wir sie alle (und das aus pflicht unsers Amptes) gemanet, gewarnet und gebetten haben, dass sie von solcher erfolgung Christi (wo es sein kan) abstellen . . ."

Der Thatbestand, wie er sich aus diesen Auszügen ergiebt, ist mithin folgender: Vor dem Jahr 1524 hatten die Inquisitoren des Kurfürsten und Erzbischofs von Mainz, der am 17. Mai 1517 ein sehr scharfes Inquisitionsedikt gegen die Buchdrucker erlassen und neben seinem Weihbischof den Jod. Trutvetter zum Inquisitor wider die Häretiker seiner Diözese eingesetzt hatte, eine Anzahl

---

¹) Die Regensburger Versammlung fand im Juni 1524 statt. Die Bischöfe verpflichteten sich gegen einige Zugeständnisse der Kurie gegenüber zur nachdrücklichen Ausrottung der Ketzerei in ihren Gebieten.

solcher Ketzer zu Mainz, im Rheingau und allenthalben im Bistum ins Gefängnis setzen lassen. Die Einsetzung war zu einer Zeit erfolgt, wo man von den Wirkungen des damals noch bevorstehenden Auftretens Luthers nichts ahnen konnte; vielmehr lag der Grund offenbar darin, dass die Mainzer Geistlichkeit von dem Vorhandensein heimlicher Ketzer schon im Frühjahr 1517 Kenntnis erhalten hatte; dass die bezüglichen Nachrichten richtig waren, beweist unsere obige Druckschrift.

Diese Männer hatten sich in ihrer Lehrthätigkeit bisher „als tapfere, grossmüthige und weidliche Männer" bewiesen, den Glauben „weit verkündet" und „ihrer Viele gewonnen". In der Zeit aber, wo der Trostbrief an sie geschrieben wurde, befanden sie sich in Lebensgefahr und zwar wollten die „vermeinten Geistlichen", „Christi und ihre Feinde", es mit der Fangung und Tödtung nicht genug sein lassen, sondern man versuchte, sie mit List und Trug „zu verdammen und zu lästern". Und gerade dies, die Verleumdung ihrer Ehre, veranlasste die Schreiber, ihren Trostbrief abzufassen. Denn die Verfasser hatten erfahren, dass gegen die Gefangenen zu Mainz ebenso wie anderswo auf andere Männer und „christliche Brüder" von den „bösen gottlosen Mäulern der papistischen Geistlichen", und „Werkheiligen", „unverschämte, falsche Zeugnisse und Lügen" aufgebracht wurden, die besagten, der eine habe einen Kelch, der andere Korn, der dritte Geld gestohlen und der vierte habe seines Bruders Weib begehrt. Das habe man verleumderischer Weise aufgebracht, um das „Wort Gottes zu verhindern" und „seinen Verkündern Schande, Hass und Ungunst bei Jedermann zuzurichten". Das gleiche Verfahren hätten neulich zu dem gleichen Zweck zwei „giftige Papisten" zu Heidelberg wider den frommen Prediger Wenceslaus eingeschlagen.

Dieser Trostbrief war geschrieben von Männern, die sich als Bischöfe und Älteste der christlichen Gemeinde zu Worms bezeichnen; gerichtet war er an andere, die von den Absendern in der Anrede „heilige Apostel und Bekenner Gottes" genannt und im Text als von „Gott sonderlich zu dem Apostelamt berufen" bezeichnet werden. Die Absender besassen „zu Mainz, im Rheingau und allenthalben im Bistum" christliche Brüder, die unter der gleichen Verfolgung zu leiden hatten und die „Apostel" hatten durch ihre frühere Lehrthätigkeit, die sehr fruchtbar gewesen war, sich das Vertrauen der „christlichen Gemeinde" in Worms errungen. Solche Trostbriefe — wir kennen die Bezeichnung aus der Geschichte der „Ketzer", die seit dem Jahre 1525 unter dem Namen „Wiedertäufer" auftauchen — pflegten in den damaligen und in den früheren Zeiten fast ausschliesslich handschriftlich verbreitet zu werden und gerade in Handschriften sind sie uns zahlreich erhalten. Es ist auch wahrscheinlich, dass unser vorliegender Trostbrief erst einige Zeit nach der Absendung an die Öffentlichkeit gebracht ist, und dass der Titel, der das Wort „Kirche" enthält, nicht von den Absendern selbst herrührt.

Wie dem auch sei, so ist sehr beachtenswert, dass keinerlei Spuren dieser Mainzer und Heidelberger Ketzerprozesse in den Akten und Chroniken jener Zeit bisher haben ermittelt werden können; wenn die Gefangenen wirklich, wie es damals sehr oft geschah, als weltliche Verbrecher abgeurteilt worden sind, so machte die Sache wenig Aufsehen; Diebe und Ehebrecher wurden in Menge gerichtet, ohne dass die Angelegenheit viel Staub aufwirbelte. Eben um dies zu verhindern, dürfte der Protest des Trostbriefs veröffentlicht worden sein.

Es ist zu bedauern, dass sich die Persönlichkeit des Wenzeslaus, der als Prediger zu Heidelberg in dem Trostbrief genannt ist, einstweilen nicht hat feststellen lassen; es scheint aber, dass damit ein Hinweis auf böhmische Zusammenhänge gegeben ist, zumal es feststeht, dass die böhmischen Brüder seit alten Zeiten Freunde und Verbindungen am Mittelrhein besassen.

Man darf hier wohl an die Thatsachen erinnern, die bei Gelegenheit der Ketzerprozesse wider Johann v. Wesel um 1470 und wider Peter Turnau um 1425 in Worms und Speier an das Licht kamen. Dadurch wurde festgestellt, dass Johann v. Wesel mit einem Abgesandten der böhmischen Brüder, Namens Nicolaus, Umgang gepflogen hatte, und man glaubte zu wissen, dass Wesel selbst im Geheimen Mitglied oder gar Bischof der Brüder gewesen sei, und es kam ferner an den Tag, dass Johann von Schlieben gen. Drandorf als Sendbote Christi, d. h. als Apostel, unter den „christlichen Gemeinden" in der Gegend von Würzburg, Basel, Strassburg, Worms und Speyer gewirkt hatte. Drandorf, der von Peter Turnau in die „heimlichen Gemeinden" am Mittelrhein eingeführt worden war, erzählt selbst, dass er in diesen Gegenden wider den Eid und andere Irrlehren gepredigt habe¹). Im Jahre 1405 hatte der Bischof Humbert von Basel aus Aussagen gefangener Ketzer festgestellt, dass in der Gegend des Mittelrheins und um Heidelberg eine starke Ausbreitung der „Begharden und Lollharden" vorhanden sei.

In dem Prozess gegen Schlieben kam u. A. die Thatsache an das Licht, dass in den „Christlichen Gemeinden", deren Apostel dieser war, eine von dem Text der Vulgata abweichende Bibelübersetzung bräuchlich war; einer der Inquisitoren warf dem Schlieben ein „falsches Citat" vor; in der That widersprach das Citat der Vulgata, gab aber, wie sich heute feststellen lässt, den griechischen Urtext richtig wieder. Auch aus dem oben besprochenen Trostbrief und dessen Bibelcitaten erhellt, dass die „Bischöfe und Ältesten der christlichen Gemeinde zu Worms" eine andere Bibelübersetzung als die lutherische vor sich hatten²).

Bei der Betrachtung der grossen religiösen Bewegung darf man nicht vergessen, dass dieselbe von dem Kampf um den Ablass ihren Ausgang genommen hat.

Albrecht von Brandenburg hatte, als er zum Erzbischof von Mainz erwählt wurde, sich verpflichtet, der Kurie für die Zusendung des Palliums 30 000 Dukaten zu bezahlen. Da er den grössten Teil dieser Summe borgen musste, so liess er sich im Mai 1514 von Jakob Fugger in Augsburg 21 000 Dukaten gegen Schuldschein geben, und um diese Schuld bezahlen zu können, erwarb er vom Papst gegen Zahlung weiterer 10 000 Dukaten das General-Kommissariat des damals ausgeschriebenen Jubelablasses. Die Einkünfte des letzteren waren für die Fugger bestimmt und Tetzel bereiste Deutschland in Begleitung eines Vertreters dieses Hauses.

Schon seit Jahrhunderten hatte der Schacher, der mit dem Ablass getrieben wurde, weite Kreise mit Abscheu erfüllt und angesehene Männer waren in Wort und Schrift dagegen aufgetreten, ohne dass es indessen gelungen wäre, unter dem Volk damit Wiederhall zu finden. Jetzt aber, im Jahre 1517, war es

---

¹) Siehe Allg. deut. Biogr. s. v. Schlieben.
²) Es sind dies Thatsachen, die weiter verfolgt zu werden verdienten, um den Ursprung der vorlutherischen Bibel weiter festzustellen. Zur Sache vgl. Keller, Die Waldenser u. die deutschen Bibelübersetzungen. Lpz. 1886.

anders. Luthers Wort weckte ein lautes Echo, und den Resonanzboden gaben in den ersten Jahren neben Andern vornehmlich die Societäten der Humanisten und die „Ketzerschulen" ab, die wir kennen lernen werden. Das Zusammenwirken Luthers und dieser stillen Verbünde war es, wodurch die grosse Bewegung in Fluss geriet, die die finanziellen Interessen der Kurie, des Erzbischofs von Mainz und der Fugger in Augsburg auf das schwerste zu gefährden drohte.

Die Fugger waren bei den mannigfachen Fäden, durch die sie hohe und niedere Kreise an sich zu fesseln verstanden hatten, über die Sachlage genau unterrichtet und während sie der Kurie und den geistlichen Behörden den Kampf gegen Luther und dessen gelehrten Anhang überliessen, setzten sie ihren Einfluss bei den ihnen zugänglichen Magistraten und Zunftmeistern ein, um die widerspenstigen Brüderschaften und „Ketzerschulen" zum Gehorsam zu bringen.

Wie weit die Fugger bei den Verhaftungen im Bistum Mainz unmittelbar ihre Hand im Spiele gehabt haben, lässt sich nicht mehr erweisen. Wohl aber ist uns von gleichzeitigen Chronisten der Anteil übermittelt, den sie an der Unterdrückung der „Ketzerei" in Augsburg nahmen und es ist merkwürdig, dass die gleichen Massregeln an beiden Orten zur selben Zeit erfolgten, nämlich im Sommer und Herbst des Jahres 1524.

Zu Augsburg predigte damals der Barfüssermönch Dr. Heinrich Schilling im Sinne der Lutherischen[1]) und er fand vielen Anhang, besonders unter den Handwerkern und den kleinen Leuten. Der Rat beschloss, ihn seiner aufreizenden Predigten wegen aus der Stadt zu verweisen und Schilling folgte dem Befehl nach einigem Sträuben. Kaum aber hatte er die Stadt hinter sich, da versammelten sich seine Anhänger und Freunde, etwa 1500 Männer und Frauen (es war am 6. August 1524) unbewaffnet vor dem Rathaus, sandten 12 Vertreter zu dem gerade versammelten kleinen Rat

---

[1]) Schilling wird in der in der Pfarr-Registratur von S. Anna beruhenden „Kurzen und gründlichen Beschreibung aller evangelischen Herrn Prediger zu Augsburg", sowie in der im Stadtarchiv beruhenden „Chronik Augsburg. Evangelischen Ministerii de Ao 1517" als erster evang.-luth. Prediger bezeichnet. Siehe Voigt, Johann Schilling etc. in der Zts. des hist. Vereins f. Schwaben und Neuburg 1879 S. 29. Da diese Chroniken aus den Kreisen lutherischer Geistlichen stammen, verdienen sie Beachtung.

und liessen durch ihren Sprecher Christoph Heerwart um Rückberufung Schillings bitten. Der Rat, eingeschüchtert durch die Menge, glaubte Entgegenkommen zeigen zu müssen, versprach die Rückberufung und sicherte den Versammelten Straflosigkeit zu. Die Kunde von dieser Nachgiebigkeit bestimmte viele römische Geistliche und den Jakob Fugger, der als Anstifter der Ausweisung bezeichnet wurde, die Stadt zu verlassen. „Es geschah aus lauter Neid", berichtet der Chronist Wilhelm Rem, „dass ein Rat den Doktor aus der Stadt bot, denn ein Rat hing fest an den Pfaffen, das gab man die Schuld dem Fugger" etc.[1]) Damit war in der Sache aber nicht das letzte Wort gesprochen. Der Rat hatte nur vorläufig nachgegeben; sobald er sich frei fühlte, liess er rüsten: es wurden Geharnischte und 630 Knechte angeworben und die Verhaftungen begannen. Man hätte nun erwarten dürfen, dass der Rat gegen die **Führer** des Auflaufs vorgegangen wäre, aber die Gefangensetzungen und Hinrichtungen trafen nicht diese, sondern andere Männer [2]). Es ist merkwürdig, dass fast an demselben Tag, wo der Rat innerhalb der Stadt die ersten Einkerkerungen vollzog, Herzog Wilhelm von Baiern den reichen Augsburger Patrizier Georg Regel, der gerade auf seinem Schloss Lichtenberg weilte, von bairischen Reisigen überfallen und mit Weib und Kind nach München ins Gefängnis führen liess. Georg Regel, eines reichen Wirtes Sohn aus Wörth, hatte im Jahre 1491 die Tochter eines Patriziers, Barbara Lauringer, geheiratet und dadurch das Recht erlangt, in der Stube der Geschlechter zu verkehren. Als er sich im Jahre 1510 in zweiter Ehe mit Anna Manlich verheiratete, verwehrten die Geschlechter seiner Frau den Zutritt und es kam zu heftigen Parteiungen in der Bürgerschaft. Regel trat auf die Seite der Zunftstuben und es schien im Jahre 1516, als solle ein Auflauf daraus werden, „denn das Handwerksvolk war hitzig auf die Bürger (Patrizier), das machten die Zunftmeister, die waren dem Regel günstig."[3])

Kaum war Regel unschädlich gemacht, so kam die Reihe an

---

[1]) Chroniken der deutschen Städte Bd. 25 (Augsburg Bd. V) Lpz. 1896 S. 206.

[2]) Auf diesen merkwürdigen Umstand hat schon Voigt a. O. S. 11 hingewiesen, indem er sagt: „die Verhaftungen trafen nicht die eigentlichen Führer" (des Auflaufs).

[3]) Chroniken der deutschen Städte a. O. S. 57.

seine Freunde in der Stadt. Am 13. September 1524 — Regel war um den 8. September herum dingfest gemacht worden — verhaftete der Rat zwei Weber, beides 60 jährige Männer, Hans Kag und Hans Speiser oder (wie ihn eine andere Quelle nennt) Hans Pfoster[1]), liess sie foltern und alsbald köpfen. Um dieselbe Zeit waren eine Anzahl von Gesinnungsgenossen dieser Weber, die sich unter Leitung der Hingerichteten des Nachts in Privathäusern versammelt hatten (u. A. ein Weber Leonhard Knöringer, Christof Beissen, Hans Schermair, Barbara Bogenschütz, Hans Gabler), in die Eisen gelegt, gemartert, teilweise an den Pranger gestellt und mit Ruten aus der Stadt gepeitscht worden. „Mit Kag und Speiser", erzählen die Chroniken, „fing man viel Frauen und Männer, die martert man hart und verbot ihnen die Stadt."

Die Hinrichtung der beiden Weber erfolgte gegen den üblichen Brauch heimlich: „man hat sie in der Stille aus den Eisen geführt", erzählt der Chronist Sender, „die Sturmglocke nit mitgeläutet, damit der Pöbel nit wieder aufrührig würde."[2]) „Der Speiser", erzählt Wilhelm Rem, „war gut evangelisch und hatte ein gut Lob. Als man ihn aus den Eisen führte vor das Rathaus, da fragte er, wo man ihn hinführen wollte, da sagte man ihm, man wollt ihn richten. Man rief wider ihn aus, er sollt Gelübd und Eid nicht gehalten haben . . . . Er sagt, ein Rat thät ihm Unrecht und Gewalt, darauf wollt er sterben. Er sagte, er müsse um des Gotteswortes wegen sterben und er wollt auch gern sterben . . . . Also schlug man ihm den Kopf auf dem Platz ab."

Es entsteht nun die Frage, weshalb die Rache des Magistrats gerade diese Männer und Frauen traf. In der Stadt hiess es: „Es muss Gott erbarmen, dass man die Leut ermordet um der Wahrheit wegen."[3]) Andere sagten, Hans Speiser habe an die Hussiten erinnert und gesagt, „man müsse es machen wie vor Zeiten zu Österreich geschehen ist"[4]) und habe mit solchen und

---

[1]) S. Voigt a. O. S. 29; der andere wird auch Hans Karkh genannt; die Schreibung beider Namen schwankt (s. unten).
[2]) S. Chroniken Bd. 23 (Augsburg Bd. IV) S. 159 und Rems Bericht in den Chroniken Bd. 25 S. 208.
[3]) S. Voigt a. O. S. 16.
[4]) Voigt a. O. S. 13.

ähnlichen Worten zu Gewaltthaten aufgefordert. Das uns erhaltene Todesurteil wider Kag (das über Speiser fehlt) sagt, er habe „Gott den Herrn gelästert, seine ordentliche Oberkeit grosslich geschmäht, auch widersetzige und aufrührige Reden und Sachen gebraucht".[1]) Wodurch er Gott gelästert, die Obrigkeit geschmäht und worin er sich widersetzig gezeigt hat, sagt das Urteil nicht. Sicher ist nur, dass weder Kag noch Speiser nähere Beziehungen zu Schilling besessen haben[2]) und dass Speiser an den Ereignissen des 6. August gar nicht beteiligt war.

Bei diesen Widersprüchen der Quellen trifft es sich glücklich, dass Hans Kag und sein Leidensgenosse uns einen Trostbrief hinterlassen haben, der von ihnen als Hirten an ihre „verstörte Heerde" gerichtet ist. Dieser Trostbrief enthüllt den wahren Charakter der Vorgänge und des Prozesses auf das deutlichste.

Die hingerichteten und gefolterten Männer waren die Bischöfe und Ältesten der Gemeinde Christi zu Augsburg, welche die Gegner Waldenser nannten. Die Chroniken der „Gemeinden Christi" — man nannte sie später Täufer — berichten darüber[3]): „Hans Koch und Leonhard Meister[4]), ihrer Abkunft nach Waldenser und keineswegs die geringsten unter diesen, waren zwei fromme Männer; das kam an den Tag, da sie die christliche Wahrheit, die sie eifrig vertraten, lieber hatten als ihr eignes Leben. Darum sind sie beide zu Augsburg um der Wahrheit des hl. Evangeliums willen getödtet worden im Jahr 1524." Diese zwei Männer, heisst es weiter, haben vor ihrem Tod ein Gebet aufgezeichnet und dieses als eine Vermahnung den „Mitgenossen ihres Glaubens" und allen ihren Nachkommen als Trostbrief hinterlassen.

---

[1]) Das Urteil ist abgedruckt bei Voigt S. 20.
[2]) Voigt a. O. 17.
[3]) Tilemann v. Braght, Het bloedig Tooneel etc. 1685, Thl. II S. 1 f.
[4]) Die Augsburger Chroniken nennen den ersten Hans Kag, auch Hans Kager; der zweite wird, wie wir sahen, Hans Speiser genannt. Es liegt hier offenbar ein Missverständnis oder eine falsche Namenschreibung (Meister kann aus Speiser gemacht worden sein) vor. Der Meister Leonhard (Knöringer) ist nach den Augsburger Quellen zwar gemartert und vertrieben, aber nicht hingerichtet worden; auch Leonhard war Weber wie Speiser. Daher lag die Verwechselung nah. In den Täuferchroniken fehlen die Familiennamen häufiger und es werden nur die Vornamen genannt.

In diesem Trostschreiben, das handschriftlich unter den „Gemeinden", die bis 1525 von den Gegnern „Waldenser" und von da an „Wiedertäufer" genannt wurden, fortgepflanzt wurde[1]), erklären die „Hirten"[2]) ihren armen „Schäflein": „Die Feinde haben keine andere Ursache für ihr Wüthen, das sie täglich an uns üben, als dass wir ihren Willen nicht vollbringen, sondern Dich, o Gott, in unseren Herzen lieben.... Darum peinigen sie uns mit grosser Nöthigung und bereiten uns viel Schmerzen..... Wenn wir uns zur Abgötterei hergäben und allerlei Bosheit hantierten und thäten, so würden sie uns in Frieden, ruhig und ungeschädigt wohnen lassen.... Wenn wir Dein Wort verleugneten, so würde uns der Antichrist nicht hassen, ja, wenn wir seine lügenhaften Lehren glaubten, seinen Irrlehren folgten und mit der Welt auf dem breiten Wege gingen, so würden wir Gunst bei ihnen haben.... Was liegt daran, dass wir hier eine kleine Zeit verschmäht und verspottet werden, da uns Gott die ewige Ruhe und Seligkeit versprochen hat." „O Herr Gott", heisst es am Schluss, „wolle Dich über Deine armen Schafe erbarmen, die (jetzt) verstreut sind und keinen rechten Hirten mehr haben, der sie von nun an lehrt.... lass sie nicht auf fremde Stimmen hören bis zum Ende."

Der Thatbestand, der sich aus dieser Urkunde und den Nachrichten der Täuferchroniken ergiebt, ist also folgender:

Hans Koch und sein Mitgenosse waren unter den sog. Waldensern angesehene Männer und die „armen Schäflein", unter denen sie das Hirtenamt verwalteten, besassen nach ihrem Tode Niemanden, der sie unterwies und lehrte. Im Gefängnis, wo sie arg gepeinigt worden waren, hatte man ihnen zugeredet, ihren Glauben zu verleugnen, sie hatten es abgelehnt, obwohl sie überzeugt waren, dass sie dadurch Gunst bei ihren Feinden gewinnen würden. Den Tod vor Augen, versichern sie, dass sie keine andere Ursache der ihnen zu Teil gewordenen Verfolgung kennen, als ihre Liebe zum Worte Gottes. Sie starben nicht ohne Furcht, dass die ihnen bisher anvertrauten Seelen „fremden Stimmen" folgen könnten.

---

[1]) Einen Abdruck in holl. Übersetzung giebt Braght a. O. S. 2.
[2]) Das „Hirtenamt" lag in der Hand der Bischöfe oder Ältesten; der Name Hirt wird gleichbedeutend mit Bischof gebraucht.

Wenn man sich die hier bezeugten Thatsachen vergegenwärtigt, fällt auf die Massregeln des Magistrats ein ganz neues Licht. Man versteht, weshalb gerade diese alten Leute, die in der Sache der unbewaffneten Ansammlung vom 6. August gar nicht belastet waren, herausgegriffen wurden, und weshalb erst nach allerlei Sicherheitsmassregeln das Urteil wider sie vollstreckt wurde. In früheren Zeiten hatte man mit den „Ketzern" kurzen Prozess gemacht, auch die Öffentlichkeit nicht gescheut. Jetzt, in der religiös so aufgeregten Zeit, mussten die „Ketzer" unter dem Vorwand des „Aufruhrs" hingerichtet und in aller Stille bei Seite geschafft werden. Auch dies wagte man erst dann, nachdem Herzog Wilhelm von Baiern die vornehmste Stütze der Augsburger „Evangelischen", den Georg Regel, der kurz darauf ebenso wie die übrigen Mitglieder der „Waldenser"-Gemeinde als „Wiedertäufer" verfolgt wurde, in Augsburg aus dem Wege geräumt hatte.

Es ist auch für die Beurteilung der sich entwickelnden Gegensätze von Erheblichkeit, dass der katholische Magistrat zu Augsburg in denselben Monaten, wo er einem Teil der „Evangelischen" durch die Berufung des Urbanus Rhegius Zugeständnisse machte, die Wortführer und Ältesten der dort bestehenden Brüdergemeinde aufs Schaffot brachte, natürlich nicht als Evangelische, sondern als „Eidbrüchige" (wie Senders Chronik sagt) und „Aufrührer"; es hatte sich offenbar nicht machen lassen, sie wie in Mainz als „Diebe" hinzurichten.

Wenn der Magistrat und seine Hintermänner die Gefangenen nicht als gefährliche Gegner ansahen, warum ergriffen sie dann so ernste Massregeln? In der That waren die „Gemeinden Christi" überall in grosser Bewegung und gerade zu Augsburg hatte im Juni 1524 Ludwig Hätzer mit angesehenen Brüdern und Freunden Versammlungen gehabt und hatte sich von da zu gleichem Zweck nach Nürnberg begeben. Der Rat zu Augsburg wusste wohl, weshalb er gerade gegen diese Männer und Frauen mit äusserster Strenge einschritt.

———

Aber nicht bloss am Mittelrhein und in Augsburg, sondern auch am Oberrhein gab es um das Jahr 1524 Gemeinden, welche Apostel, Evangelisten, Bischöfe und Diakonen besassen und die mit den „christlichen Brüdern" in Südfrankreich und in verschiedenen Gegenden Deutschlands in Verkehr standen¹). Wir wissen aus dem Wormser Trostbrief, dass dies keineswegs etwa willkürlich erfundene Amtsbezeichnungen für lutherisch gesinnte Geistliche waren, sondern dass sich ein **altüberlieferter Sinn und Brauch** damit verband²); keine Gemeinde hätte diese Würden einem Manne zugestanden, der nicht gesetzmässig durch die Handauflegung dazu berufen war und damit zugleich den Zusammenhang mit den älteren Gemeinden und mit der Gesamtgemeinschaft beweisen konnte. Eine Organisation, die unter dem Druck schwerer Verfolgung sich behaupten soll, bedarf fester und bestimmter Normen und man bekundet sehr geringes Verständnis geschichtlicher Entwicklungen, wenn man meint, dass solche Ämter und Namen sich von heute auf morgen erfinden und in Wirksamkeit setzen liessen³).

Zu dem Freundeskreise, innerhalb dessen uns um 1524 am Oberrhein und in der Schweiz jene Amtsbezeichnungen als damals gebrauchte Namen begegnen, gehören **Franz Lambert von Avignon**⁴), **Anemund de Coct**, **Jean Vaugris**, **Michael Bentinus**, **Aimé Maigret**, **Peter Sebiville** und Andere. Wir haben an anderer Stelle⁵) die Beziehungen erörtert, welche den ehemaligen Johanniterritter Anemund de Coct und den Michael

---

¹) In den Briefen französischer Reformatoren aus 1512—1526, die Herminjard, Correspondance des Réformateurs etc., Genève et Paris 1866, Bd. I, gesammelt hat, werden die „Apostel", „Evangelisten" und „Bischöfe" mehrfach erwähnt; vgl. Bd. I, 313 und Anm. 4.

²) Preger, Abhandlungen etc. 1890 S. 27, sagt: „Die älteren Waldenser betrachteten die 3 Ordines des Diakonats, Presbyterats und Episkopats als schriftmässig und notwendig." Dabei hat Preger unterlassen, das Apostolat zu erwähnen.

³) Während die Namen der Männer, die um 1524 als Apostel, Bischöfe und Älteste am Mittelrhein und Oberrhein wirkten, verschollen sind, sind wenigstens einige Namen von „Dienern des Worts" aus dem Beginn der zwanziger Jahre auf uns gekommen. Zu Kitzbüchl in Tyrol war im Jahre 1522 Thomas Hermann „Diener" der Gemeinde, der im Jahre 1527 als Prediger der dortigen „Wiedertäufer" den Märtyrertod erlitt. (Beck, Geschichtsbücher der Wiedertäufer etc. S. 56.)

⁴) Auf die Übereinstimmung zwischen Lamberts Grundsätzen und den Ideen der Waldenser hat u. A. Richter, Die evang. Kirchenordnungen 1846 etc. II, 56, aufmerksam gemacht. Eine Monographie über Lambert wäre sehr erwünscht.

⁵) Keller, Staupitz S. 261 ff.

Bentinus einerseits mit den „christlichen Brüdern" in Südfrankreich und den „Wiedertäufern" andererseits, (z. B. mit Konrad Grebel und Hans Denck) verbunden, welch letztere von jenen ausdrücklich ebenfalls Brüder genannt werden.

Wir wollen die Schlussfolgerungen, die sich hieraus für die Beurteilung der Zusammenhänge ergeben, an dieser Stelle nicht noch einmal wiederholen; sicher ist aber, dass diejenigen Forscher, die jene Beziehungen mit Stillschweigen übergehen, ihrer Methode ein sehr ungünstiges Zeugnis ausstellen.

Die „heimlichen Gemeinden", über welche diese Apostel, Bischöfe und Ältesten gesetzt waren, existierten um das Jahr 1515 ebenso wie früher vielfach in der Form von Brüderschaften, in denen unter dem Drang der Zeit der Sakramentskultus ruhte. Die Brüder fanden sich zum Gebetskultus, zu Andachten, Bibelerklärungen und zu Liebesmahlen in aller Stille (meist Nachts) zusammen. Das waren ja allerdings im Sinne der Kirche keine „Gemeinden", aber sie selbst betrachteten sich doch als solche und ein Band gleicher religiöser Überzeugungen umschlang die Glieder. Sie waren bereit, sobald sie konnten, auch den Sakramentskultus nach ihren Grundsätzen aufzunehmen und ihn, wenn thunlich, öffentlich zur Ausübung zu bringen.

Solche Brüderschaften[1]) gab es um das Jahr 1520, wie wir an anderm Orte dargethan haben[2]), in vielen Städten. Hier soll nur auf einige früher noch nicht erwähnte Thatsachen hingewiesen werden.

In St. Gallen bestand um 1522 (wir wissen nicht, seit wann sie vorhanden war) eine Brüderschaft, der u. A. die Zunftmeister Mainradt Weniger und Gabriel Bilwiller, ferner Hans Ramsower,

---

[1]) Sie nannten sich seit etwa 1522 meist evangelische oder christliche Brüderschaften und gaben damit den religiösen Charakter zu erkennen; vor dem Ausbruch der grossen religiösen Bewegung traten sie selten anders als unter Verhüllung des religiösen Zweckes und noch seltener als Ganzes vor die Öffentlichkeit. Zur Geschichte der Bezeichnung „Evangelisch" s. die Ausführungen bei Keller, Staupitz (Register unter Evangelisch). Sie war unter den „Waldensern" etc. seit alten Zeiten als Parteibezeichnung üblich. So heisst es in den böhmischen Artikeln von 1418: Sacerdotes evangelici laborantes cum plebe. Anonymi relatio. Docum. Mag. Joh. Hus vitam illustrantia p. 681.

[2]) Keller, Die Reformation (Register s. v. Brüderschaft) und Joh. v. Staupitz S. 241 ff.

Ambrosius Schlumpf, Aberli Schlumpf und Beda Miles Treier angehörten; sie nannten sich christliche Brüder, und es waren viele Weber unter ihnen; sie hingen nach ihrer Aussage dem „Worte Gottes" an und versammelten sich im Geheimen zu Lesung und Erklärung der Bibel, zuerst in den Häusern der Genossen, später im Zunfthaus der Weber[1]). Diese Schule oder Ketzerschule (wie die Gegner solche Brüderschaften nannten) besass eine enge Verbindung mit der in Zürich um 1522 nachweisbaren „Synagoge", die in Claus Hottingers Hause sich zusammenfand, und deren „Diener des Worts" damals der Buchführer Andreas auf der Stülzen war[2]). Von jeher waren die alten „Ketzerschulen" bemüht, für ihre Versammlungen und Andachten auch die Mitwirkung litterarisch gebildeter Männer zu gewinnen, und es gelang den St. Galler Brüdern im Jahre 1523, den gerade damals von der Hochschule zu Wittenberg zurückgekehrten St. Galler Bürgersohn Joh. Kessler (geb. 1502) auf ihre Seite zu ziehen. Kessler, der Luther persönlich kennen gelernt hatte, gab die bis dahin gehegte Absicht, Priester zu werden, auf, erlernte ein Handwerk und wurde seit dem 1. Januar 1524 „Leser" — so lautete der Name dieses Amtes[3]) — der Brüderschaft.

Eine Zeit lang verwaltete er sein Amt zur Zufriedenheit der Brüder, aber allmählich trat es zu Tage, dass er zu Wittenberg andere Ansichten, als sie in der Brüderschaft überliefert waren, sich zu eigen gemacht hatte, und als einst bei einer Versammlung ein angesehenes Mitglied der Züricher „Ketzerschule", Lorenz Hochrütiner, zugegen war, kamen die Meinungsverschiedenheiten zum lebhaften Ausdruck. Bald darauf legte Kessler sein Lektorenamt nieder und widmete sich ganz seinem Handwerk.

Die Brüder, die geglaubt und gehofft hatten, in dem jungen Theologen einen getreuen Dolmetsch ihrer eignen Ansichten gewonnen zu haben, sahen sich getäuscht: schon frühzeitig trennten sich die Wege der beiden Richtungen. Wenn, wie heute vielfach noch angenommen wird, die evangelischen Brüderschaften und die „Ketzerschulen" erst durch Luthers Schriften ins Leben gerufen worden waren, wie kommt es dann, dass die Schüler Luthers

---

[1]) Hauptquelle für diese Thatsachen ist Joh. Kesslers Sabbatha, hrsg. von Götzinger (St. Gallen 1866).
[2]) Näheres über diese „Schule" bei Keller, Die Reformation, S. 399 f.
[3]) Den Beleg siehe bei Egli, Die St. Galler Täufer. 1887, S. 14.

alsbald mit diesen Evangelischen in unausgleichbare Meinungsverschiedenheiten gerieten.

Ebenso wie in St. Gallen hatte die Züricher „Schule" sich erfolgreich bemüht, jüngere Theologen an sich zu ziehen, und es ist urkundlich bezeugt, dass in den Fasten des Jahres 1522 an einem der im Brüderkreise üblichen Liebesmahle der Leutpriester Ulrich Zwingli teilnahm[1]), der wenige Jahre darauf ebenso wie Johannes Kessler mit den alten Freunden vollständig zerfallen sollte.

In der bereits erwähnten Schrift „Freundliche Auslegung" vom Jahre 1527 stellt Zwingli es in Abrede, dass Luther es gewesen sei, dem er seine Förderung in der christlichen Erkenntnis verdanke. Andere, von ihm billigermassen verehrte Männer, hätten, sagt er, den Kern des Evangeliums klarer erkannt gehabt, als er selbst und Luther. Wie könnten diese Männer es durch Luther gelernt haben? „Es sind nämlich gewisse Männer" — Zwingli nennt ihre Namen nicht — deren Freundschaft uns in dieser Sache zur Förderung und zum Sporn gereicht hat"[2]) und er wiederholt damit lediglich eine Angabe, die er bereits in den Jahren 1521 und 1523 (also vor dem Zerwürfnis mit der Brüderschaft) in ähnlicher Weise gemacht hatte[3]). Danach hatte er „vor und ehe noch ein Mensch in unsern Gegenden etwas von Luthers Namen wusste, angehebt das Evangelium Christi zu predigen im Jahre 1516". Es ist um so weniger erlaubt, die Wahrheit dieser Aussagen zu bezweifeln, als zwei gewichtige Zeugen, Capito und Myconius, dieselben in vollem Umfang bestätigen[4]).

---

[1]) Egli, Aktensammlung zur Geschichte der Züricher Reformation. Zürich 1879, I. Hälfte Nr. 233.

[2]) Zwinglii Opp. III. 543.

[3]) Opp. I. p. 253. In der „Auslegung der Schlussreden" (1523) und in einer Zuschrift an Haller vom 29. Dezember 1521, wo er sagt, er habe schon vor fünf Jahren das Werk des Evangeliums angefangen (Opp. VII, 186). Wie kommt es, dass Zwingli die Namen der Männer, die uns doch sehr interessieren würden, verschweigt? Wenn darunter keine „Ketzer" waren (was ja immerhin möglich ist), so kann man den Grund dieser Heimlichthuerei schwer einsehen.

[4]) Capito schreibt im Jahre 1536 an Heinr. Bullinger: „Ehe Luther aus Licht getaucht war, verhandelten wir, Zwingli und ich, schon unter uns über die Absetzung des Papstes, sogar schon, als jener noch in Einsiedeln lebte." (Hottinger, Hist. eccl. novi Test. VI, 207.) — Myconius sagt, dass Zwingli schon in Glarus „die Gnade des Evangeliums verkündigt habe". (Vita Ulr. Zwinglii in den Vitae quattuor Ref. Berol. 1841, S. 6.)

Wenige Wochen nach jenem Liebesmahle in der Fastenzeit, bei dem Zwingli sich weigerte, Fleisch zu essen, hatte der Vertreter der Züricher Brüderschaft nebst dreiunddreissig Abgeordneten gleicher Brüderschaften eine Versammlung auf dem „Lindenhofe". Es gab also eine grössere Anzahl „Ketzerschulen" in der Schweiz und es wäre der Mühe wert, sie aus dem Dunkel, in das sie sich gehüllt haben, hervorzuziehen. Gegenstand der Beratungen waren Briefe, die aus Constanz gekommen waren, „die wollten sie (heisst es in den Akten) hören und sehen, ob sie die halten müssten, oder ob sie anders thun müssten, denn ihr Leutpriester[1] predige"[2].

Aus diesen Thatsachen erhellt deutlich, dass hinter den einzelnen „Schulen" eine Organisation stand — man nannte diese Art von Synoden Schenken oder Kapitels-Versammlungen —, deren geistige Führer ihre eignen Wege gingen, und die die Leitung der einzelnen Brüderschaften keineswegs den Theologen, die sich jetzt in grösserer Zahl den Brüdern näherten, überlassen wollten.

An die Stelle Joh. Kesslers in St. Gallen trat der Freund Hochrütiners, Wolfgang Ulimann, der Sohn des Zunftmeisters Andreas Ulimann, der bis dahin mit Jörg Blaurock im St. Lucius-Kloster zu Chur Mönch gewesen war, in Chur, wo bis 1522 auch Andreas auf der Stülzen gewirkt hatte. Unter Ulimanns Leitung nahm die Brüderschaft in St. Gallen derartig an Mitgliedern zu, dass der Rat zur Hergabe der St. Lorenzkirche gezwungen werden konnte. Dies geschah aber nicht, ohne dass die zwinglische Richtung der Evangelischen, die inzwischen Johann Kessler für sich gewonnen hatte, ihrerseits einen Erfolg erzielte: ein Freund Kesslers und Zwinglis, Leo Judä, wurde zeitweilig nach St. Gallen berufen und Ulimann verliess vorläufig die Stadt, um mit den Brüdern in Zürich Beratungen über die weiteren Schritte zu pflegen. Dies geschah in der ersten Hälfte des Jahres 1525, wo unter den Einwirkungen der grossen religiösen Bewegung eine neue Epoche in der Geschichte der älteren Brüderschaften begann.

---

[1] Wer der Leutpriester war, wird nicht gesagt. Die Meinungsverschiedenheiten zwischen Zwingli und den Brüdern nahmen damals ihren Anfang.

[2] Egli. Aktensammlung Nr. 246 S. 82. Zu dieser ganzen Sache s. die weiteren Nachrichten bei Keller, Die Reformation, S. 367 u. 400.

Man würde fehlgehen in der Annahme, dass etwa nur in der Schweiz solche Schulen oder Ketzerschulen, d. h. Brüderschaften, deren einendes Band gemeinsame religiöse Überzeugungen bildeten, existiert hätten. Eben solche „Synagogen" begegnen uns im Jahre 1523 am Niederrhein. In einer derselben, der Schule zu Büderich, fanden gemeinsame Andachten unter Leitung von Adolf Clarenbach und Heinr. Kloppriss statt, die uns in den Chroniken der „Täufer" später als Märtyrer begegnen[1]).

Es ist an sich merkwürdig genug, dass die Namen Synagoge, Judenschule, Schule oder Ketzerschule, die das ganze Mittelalter hindurch zur Bezeichnung der religiösen Sondergemeinden der „Waldenser" u. s. w. dienten[2]), zunächst in Zürich dann aber auch anderwärts seit 1522 in den Akten zur Bezeichnung derselben Gemeinschaft auftauchen[3]), die zwei Jahre später in ihrem Schoss

[1]) Wir lassen hier die Bewegungen der „Brüder" in Sachsen, welche unter sich die Spättaufe nicht einführten und daher in dem gebräuchlichen Sinne des Wortes keine „Wiedertäufer" waren, unberücksichtigt. Dass aber auch die mitteldeutschen „Ketzerschulen" damals wieder an die Öffentlichkeit traten, beweist u. A. die Schrift von Nic. Storch, der selbst Apostel und Wanderprediger war: „(N. Storch) Ein tzeytt lang geschwigner christlicher Bruder, den Christus widerumb vermaudt hat. Zwickau, Gastel 1524. 4°. Bl. A.¹—F.²" (Ein Exemplar in der Bibliothek der taufgesinnten Gemeinde in Amsterdam.)

[2]) In dem Prozess gegen die Waldenser von 1387/88 (s. Döllinger, Beiträge zur Sektengesch. II, 251 ff.) finden sich viele Belege. Bei Döllinger II, 255 steht: Bis fuit in synagoga in loco Avigliae .... In illa synagoga praedicavit ille etc. — Nach W. Preger, Beiträge z. Gesch. d. Wald. in den Abhdlg. der K. B. Akad. der Wiss. XIII, 241 berichten die Quellen, dass es damals 42 „Schulen" der Waldenser in Österreich gab. — In dem Schreiben des Erzbischofs Siegfried von Mainz von 1234 über die Armen von Lyon erscheint mehrfach der Ausdruck „Schulen". Hefele, Concilien-Gesch. V², 1025. — Sehr merkwürdig ist in mehrfacher Beziehung folgende Stelle bei Mansi, Concilia Germaniae, P. XXIII, p. 241: Anno Domini 1231 in ipsa civitate Treviri tres esse scholas haereticorum (es gab damals Waldenser in Trier) deprehensum. Et plures erant eorum sectae et multi eorum instructi erant scripturis sanctis, quas habebant in Theutonicum translatas. Et alii quidem baptisma iterabant, alii corpus Domini non credebant etc.

[3]) S. Egli, Akten-Sammlung zur Gesch. d. Züricher Ref. 1879 I, S. 85: Claus Hottinger dicit: An der Uffart abent (1522) nächst verschienen ... sigend iro etliche an sin hus kommen (und hettind) ... gesprochen; du, tüfel Hottinger, stand uf! nimm dine Ketzer mit dir und gond in din Ketzerschuol". Es wurde zur Verhöhnung der Ketzer dann das

die Übung der Spättaufe einführten und dass von da an weit und breit, bis tief in das 16. Jahrhundert hinein, gerade diejenigen religiösen Gemeinden in gewissen Kreisen Synagogen u. s. w. heissen, die von der gelehrten Streittheologie und den Inquisitoren „Täufer" oder „Wiedertäufer" genannt werden¹).

Auch in Basel begegnen uns um 1522 Brüderschaften, die einen religiösen Charakter trugen, z. B. die „Himmlische Brüderschaft", deren Satzungen uns in einer Aufzeichnung von Capitos Hand erhalten sind und die Brüder und Schwestern umfasste²).

Wichtiger aber ist der Umstand, dass die sog. Kapitel, die unter den Waldensern seit dem Anfang des 14. Jahrhunderts nachweisbar sind³), unter eben diesem Namen auch um das Jahr 1524 unter den Brüdern in der Schweiz und in den angrenzenden Ländern vorkommen. Wir besitzen eine Einladung (vom 11. Juni 1524) die Dr. Baltasar Hubmeier von Waldshut an seine „Kapitelbrüder" zu einer Versammlung erlassen hat, deren Zweck es war, dafür zu sorgen, dass in „Weidung der christlichen Schäflein nach Inhalt des göttlichen Wortes einhellig fortgefahren werde". Vor Zeiten, führt Hubmeier fort, habe man diese Versammlungen Synoden genannt, jetzt aber würden sie Kapitel oder Bruderschaften geheissen⁴). Eine gleiche Kapitelsversammlung hatte nach Hubmeiers Zeugnis im Jahre 1522 in Basel stattgefunden.

„Judenlied" gesungen. Vgl. über diese Schule Egli, Die Züricher Wiedertäufer, S. 15. Auch in der Schrift „Vermanung bruder Conrads .... vor der Böhemschen Ketzerei" 1524 spricht der Verfasser (Bl. F. 4) von den „Synagogen der Ketzer". Die Schrift ist gegen die „Brüder" in Strassburg gerichtet.

¹) In dem Bericht des Amtmanns zu Neuenkirchen im Bistum Münster vom 2. August 1537 über die dortigen Täufer heisst es, dass die „Wiedertäufer" in dem Hause eines ihrer Brüder „ihre Synagoge" halten. (Akten des Staatsarchivs zu Münster, M. L. A. 518/19 Vol. IX fol. 398.) Nach amtlichen Nachrichten aus dem Juli 1546 pflegte der Anhänger der David-Joristen zu Groningen, Sewert Klerk, daselbst in der Kirche zum hl. Geist „Schole tholden" (A. O. O. Vol. X fol. 174). — In den Visitations-Akten des Herzogtums Jülich von 1533 kehrt derselbe Name zur Bezeichnung der Gemeinde-Gottesdienste mehrfach wieder (Staatsarchiv Düsseldorf Jül. Berg L. A. Abth. IV. c. 6 f. 78). — Ähnliche Belege liessen sich zahlreich beibringen.

²) Keller, Die Reformation, S. 375.
³) Herzog, Die romanischen Waldenser. Halle 1853, S. 273.
⁴) Keller, a. O. S. 376.

Die Gleichstellung des Wortes Kapitel mit der Bezeichnung Synode erklärt den Begriff des Ausdrucks auf das bestimmteste; nur irrt Hubmeier, der aus der römischen Kirche hervorgegangen war, darin, dass unter den Brüdern der Ausdruck Synode früher in überwiegendem Gebrauch gewesen sei; die Bezeichnung Kapitel für Synode ist unter den sog. Waldensern uralt.

Bemerkt zu werden verdient, dass an den Versammlungen der Brüder, die im Jahre 1522 zu Basel stattfanden, auch Konrad Grebel teilgenommen hat.

II.

Die „Ketzerschulen", die um den Beginn der grossen religiösen Bewegung aus dem Dunkel, mit dem sie sich bis dahin umgeben hatten, hervortreten, besassen ihre vornehmste Stütze in den Zünften und Gewerken, und die Formen und Ordnungen der letzteren waren es, die ihnen vielfach die Verhüllung ihrer Existenz ermöglichten.

Wenn man nun die Geschichte und die Verfassung der Zünfte in jenen Jahrhunderten näher betrachtet, so begegnen uns im Zusammenhang mit ihnen ausser jenen „Schulen" noch andere Organisationen, nämlich sog. Societäten (Sodalitäten) und Brüderschaften, die ebenso wie jene ihr Absehen auf geistige Dinge gerichtet hatten.

Innerhalb mancher Zünfte und gerade innerhalb der vornehmeren, wie der Bildhauer, Maler, Goldschmiede u. s. w., gab es engere Vereinigungen von Meistern, die es sich zur Aufgabe machten, fortgeschrittene Genossen in die Kunst- und Handwerksgeheimnisse einzuführen.

Sowohl die Bauhütten wie das zünftige Handwerk besassen eine Reihe technischer Geheimnisse, die keinem andern, als vertrauenswerten Genossen überliefert wurden. Als Mittelpunkt aller genannten Künste galt das Studium der „Geometrie" und selbst die Maler genossen noch im 16. Jahrhundert den Unterricht solcher Meister, die in der Geometrie, d. h. den mathematischen Wissenschaften, erfahren waren.

Diese Societäten, die im Besitz der Kunstgeheimnisse und der dazu erforderlichen mathematischen Kenntnisse waren, begegnen uns frühzeitig unter dem Namen von Akademien, einer Bezeichnung, die die Unterweisungszwecke der Societäten andeutete und im Sinne der Eingeweihten auch eine tiefere Bedeutung und eine Hinweisung auf die neuplatonische Philosophie in sich schloss.

Da alle Wissenschaften unter starker Bevormundung der Kirche standen und namentlich die mathematisch-physikalischen Wissensgebiete sich von dieser Seite her keiner Bevorzugung erfreuten, so boten die Zunftstuben den Vertretern der letzteren einen erwünschten Rückhalt, und es war für die „Akademien" nicht schwer, auch solche Männer in ihr Interesse zu ziehen, die das Handwerk nicht selber ausübten. So geschah es, dass überall in den Stuben der vornehmeren Zünfte zahlreiche „Liebhaber des Handwerks" sassen, und dass Gelehrte, Ärzte, Stadtschreiber, Schulmeister u. s. w., besonders soweit sie Söhne von Handwerkern waren, in den Verband der Werkbrüderschaften eintraten.

Ausserordentlich gross und mannigfaltig ist die Masse der „Brüderschaften", die uns in den letzten Jahrhunderten des Mittelalters begegnen und die zum grossen Teil rein geistlich und lediglich Versicherungsanstalten für das Seelenheil waren. Aber ebenso wie die herrschende Kirche diese Brüderschaften, die sie mit Hülfe der Orden leitete, dazu benutzte, um durch Einbrüderung von Fürsten, Kanzlern, Räten u. s. w. ihren Einfluss zu erweitern — der kurfürstl. sächsische Rat Degenhard Pfeffinger gehörte 35 Brüderschaften an —, ebenso benutzten diejenigen Mächte, die sich unabhängig von diesen Strömungen zu erhalten wünschten, die gleichen Organisationen zu verwandten Zwecken, und so wurden diese Societäten und Fraternitäten hier wie dort zu Genossenschaften geistesverwandter Männer, die gezwungen waren, zu grösseren geistigen Bewegungen ihrer Zeit in diesem oder jenem Sinn Stellung zu nehmen.

Bei der scharfen Aufsicht, die die Kirche allen Lebensäusserungen angedeihen liess, die auch nur entfernt mit Kirche und Religion zusammenhingen, hatten jene Akademien ein dringendes Interesse daran, keinerlei Argwohn gegen sich zu erregen. Sie versichern nachdrücklich (und vielfach der Wahrheit gemäss), dass sie als solche sich nicht mit religiösen Dingen beschäftigen; nicht so bestimmt aber lehnen sie die Pflege der „Philosophie" ab, ja gelegentlich nennen sie sich sogar Anhänger der platonischen Philosophie.

Es gehört zu den Kennzeichen dieser Körperschaften, dass sie, ebenso wie die „Ketzerschulen", als solche wenig an die Öffentlichkeit traten. „In diesen Sodalitäten", sagt Aschbach, „wurden keine eigentlichen Statuten gegeben, aber der Verein sollte nach gewissen Grundsätzen geleitet werden, die mehr angedeutet, als klar vorgezeichnet waren. Absichtlich hüllte man das Wesen der Gesellschaft in das Geheimnisvolle."[1]) Es war eine stille Verbrüderung, äusserlich möglichst wenig in die Augen fallend, aber im Stillen weite Kreise auch solcher Personen mit ihrem Einfluss umspannend, die nicht innerhalb der Brüderschaft standen und deren letzte Ziele keineswegs zu den ihrigen machten.

Sehr bezeichnend für das Bemühen, das Wesen der Societäten nicht bestimmt zu bezeichnen, sind die wechselnden Namen, die diese Körperschaften und ihre Glieder sich selbst gaben. Es überwiegt der Gebrauch völlig farbloser Namen wie „Deutsche Societät", „Rheinische Societät", „Donau-Gesellschaft", „Lilien-Gesellschaft" u. s. w. oder die Nennung nach einem angesehenen Wortführer, die aber seltener ist.

Als Ganzes nennen sich die Angehörigen möglichst unbestimmt Poeten, Philosophen, Platoniker, auch Lateiner und gebrauchen damit Namen, die sich ebensowohl auf Mitglieder, wie auf Aussenstehende anwenden liessen.

Auch der Name Akademien, der seit der Verhaftung der Mitglieder der „Akademie" in Rom (1468) und seit anderen Zwischenfällen den Beigeschmack des Verdächtigen bekommen hatte, ward mehr im Kreise der Eingeweihten gebraucht und an seine Stelle traten harmlose und vieldeutige Namen, wie Gymnasium oder Museum u. s. w.

Soweit die Brüderschaften, deren Mitglieder sich in den Akademien zusammenfanden, eine öffentliche Wirksamkeit für möglich hielten, waren die Bestrebungen, zu denen sie sich bekannten, zwar ein Ausfluss allgemeiner Grundsätze und Anschauungen, die unter ihnen lebten, aber sie dienten doch meist nur mittelbar den höchsten Zielen und waren sogar vielfach nur das

---

[1]) Aschbach, Die früheren Wanderjahre des Celtes. 1869, S. 122.

Kleid, das bestimmt war, die religiös-philosophische Weltanschauung, die sie vertraten, ebenso den Augen übermächtiger Gegner, wie den Blicken des unreifen Pöbels zu entziehen. Rohheit und Blindheit der Menschen zwangen ihnen ein Verhalten auf, das viele Mitglieder als eine drückende Last empfanden, ohne dass sie im Stande gewesen wären, es zu ändern. Ein sehr angesehenes Mitglied der „Akademien" des 17. Jahrhunderts (die eine unmittelbare Fortsetzung der älteren Akademien waren) bestätigt ausdrücklich diese ihn tief betrübende Zwangslage, indem er berichtet, dass seine Auffassung der Lehre Christi überall, wo er versucht habe, ihr auf offenem Wege nützlich zu sein, auf Hass und Misstrauen gestossen sei, so dass er die Notwendigkeit begriffen habe, die blinden und kurzsichtigen Menschen auf anderen Wegen zu höheren Entwicklungsstufen zu leiten.

Alle Einsichtigeren unter den Mitgliedern wünschten die Entfesselung der religiösen Leidenschaften und die gewaltsamen Kämpfe, die den Ausbruch des kirchlichen Fanatismus zu begleiten pflegen, soweit irgend thunlich, vermieden zu sehen; sie scheuten sich, ihre heiligsten Überzeugungen den Kämpfen der Strasse auszusetzen und hofften vielmehr, die Menschen auf dem Wege der Erziehung und der Freiwilligkeit allmählich zu reineren Auffassungen zu führen. Auf diese gegenseitige Erziehung war ihr ganzes Streben und vor Allem auch die Organisation, die sie besassen, gerichtet, und gerade in der Verfassung und den Formen ihrer Vereinigung mussten sie daher das notwendigste und wichtigste Stück ihres Gemeinschaftslebens erblicken.

Ihr Streben war darauf gerichtet, mit Hülfe der Organisation, die sie verband, das geistige Leben der Nation ihrem Einfluss zu unterwerfen, und die Geschichte Deutschlands und Italiens im Zeitalter des Humanismus beweist, was ein weitverzweigter Bund gleichgesinnter Männer zu leisten im Stande ist. Kein geringerer als Philipp Melanchthon hat seit dem Ausbruch der Religionskämpfe seine Sehnsucht nach dem „goldenen Zeitalter" (wie er es nannte) ausgesprochen, das vor der Entfesselung des Religionshasses während der Zeit von 1490 bis 1525 vorhanden war[1])

---

[1]) Vgl. den Nachweis Hartfelders im Historischen Taschenbuch 1888, S. 236.

und Sebastian Franck bezeugt, dass die politische und religiöse Freiheit zur Zeit der Vorherrschaft des Humanismus grösser gewesen ist, als später, wo diese Herrschaft an die Vertreter der römischen und protestantischen Kirchen überging und die Humanisten das Schicksal der alten Brüdergemeinden teilten.

Die innere Verwandtschaft beider Richtungen tritt in merkwürdiger Weise gerade in dem wichtigsten Punkte, in der Organisation und Verfassung, zu tage.

Die Gemeindeverfassung der älteren Evangelischen baute sich in drei Stufen auf, in dem sie einen Grad der Anfangenden (Incipientes), der Fortschreitenden (Proficientes) und der Fertigen (Perfecti) kannte[1]. Der höchste Grad umfasste die Inhaber der Geheimnisse, die Apostel, die Lehrer und Priester, der zweite die Masse der Gemeinde, die Brüder und Schwestern, der dritte die Lernenden und zur Aufnahme Angemeldeten.

Ebenso gab es innerhalb der Akademien drei Stufen: die Mitglieder des ersten Grades waren die Vorsteher und die „Gesetzgeber", welche die Satzungen bewahrten und ausführten, die des zweiten Grades waren die Brüder, welche bei dem feierlichen Akt der Aufnahme einen Brudernamen erhalten hatten, und die des dritten waren die Anhänger, die sich in die Listen als Angemeldete hatten eintragen lassen[2].

Diese Organisation ermöglichte die Mitwirkung verschieden gerichteter Männer und gestattete den Führern, nur denjenigen Personen Einfluss einzuräumen, denen sie volles Vertrauen schenken konnten.

Papst Paul II. (1464—1471) liess im Jahre 1466 eine „Ketzerschule" — man nannte sie Fratizellen —, die in Poli entdeckt war, aufheben und den Mitgliedern im folgenden Jahr den Prozess machen. Dabei stellte es sich heraus, dass die Anhänger

---

[1] Näheres bei Müller, Die Gemeindeverfassung der böhm. Brüder, in den M.H. der C.G. 1896, S. 142 ff. Vgl. auch M.H. 1895, S. 207.

[2] Vgl. Firmin-Didot, Alde Manuce. Paris 1875, S. 151. Danach gab es drei Kreise innerhalb der Akademie des Aldus in Venedig: 1. die eigentlichen Mitglieder, 2. die ἐπιθυμοῦντες τῆς Ἀκαδημίας, ὀνόματι μόνον προσαγόμενοι, 3. οἱ αὐτῆς ἐχόμενοι. — Aldus hatte die überkommene Organisation den Bedürfnissen und Verhältnissen seiner Offizin, in deren Dienst die Mitglieder standen, angepasst. Im wesentlichen ist es aber die alte Verfassung, die uns hier und anderwärts entgegentritt.

dieser Sekte nicht allein in der Mark von Ancona und in der Campagna, sondern auch in Rom selbst Beziehungen besassen. Kurze Zeit nach dieser Entdeckung, im Februar 1468, wurden Pomponius Laetus, Callimachus und andere Führer einer Brüderschaft in Rom verhaftet, die sich angeblich der „Poesie" widmeten, die die Kurie aber ebenfalls für eine „Ketzerschule" hielt und als solche zu behandeln beschloss. Der Gesandte von Mailand, Joh. Blanchus, berichtet unter dem 29. Februar 1468 an seinen Herzog, der Papst lege der Entdeckung grosses Gewicht bei und sei entschlossen, diese „Häresie", von der er früher keine Kenntnis gehabt habe, auszurotten; Paul II. habe die Vermutung ausgesprochen, dass Podiebrad, der hussitische König von Böhmen, die Hand im Spiele habe[1]).

Wir können hier die eigentümlichen Formen dieser Brüderschaft, die sich eine Akademie nannte, nicht näher erörtern; sicher ist nur, dass die Mitglieder sich keineswegs bloss mit den Dichtungen und Schriften der Alten, sondern auch mit Philosophie beschäftigten, und dass sie gewisse Bräuche übten, die religiösen Formen ähnlich sahen.

Mit Pomponius Laetus (dessen Mitgenosse Callimachus sich der Verhaftung durch die Flucht nach Krakau entzogen hatte) war nun Konrad Celtes aus Wipfeld in Franken befreundet, und es ist überliefert, dass Laetus und Callimachus diesen zur Stiftung ähnlicher Societäten in Deutschland ermuntert haben.

Wir dürfen hier als bekannt voraussetzen, dass Celtes dieser Aufforderung nachgekommen ist, und dass bald eine grössere Anzahl solcher Akademien in Deutschland an das Licht traten, die sich der Dichtkunst hingaben, die Schriftwerke der Griechen und Römer neu herausgaben, daneben aber auch die Pflege des deutschen Altertums in Sprache und Geschichte nicht vergassen[2]) und sich selbst Poeten nannten.

---

[1]) Pastor, Gesch. der Päpste II, (1889) 295 u. 642.
[2]) Man hat die humanistischen Studien dieser Kreise bisher allzusehr in den Vordergrund gestellt und darüber die starke Betonung der Volkssprachen durch die Humanisten fast übersehen. Bebel sammelt deutsche Volkslieder und Sprüchwörter, Beatus Rhenanus bringt Proben aus Otfrieds Christ und sein Schüler Lazius entdeckt das Nibelungenlied u. s. w. Die Sache bedürfte einer näheren Untersuchung. Auch die Erziehungslehre bildete den Gegenstand ihrer besonderen Aufmerksamkeit. Im Zusammenhang damit hiessen sie vielfach „Poeten und Grammatiker".

Dabei aber verdient es besondere Beachtung, dass es zwar Mitglieder gab, die keine Poeten waren, aber sehr wenige „Poeten", die nicht zugleich irgend ein Gebiet der exakten oder mathematischen Wissenschaften (Astronomie oder Astrologie, Kosmographie, Geographie, auch Alchymie u. s. w.) betrieben, und dass unter diesen Poeten und Gelehrten auch angesehene Buchdrucker, Maler, Bildhauer u. s. w. erscheinen.

Die Erfindung der Buchdruckerkunst, die den Kreisen der Werkleute entstammte, legte ein Kampfmittel von ausserordentlicher Bedeutung in die Hände der Männer, die diese Erfindung zuerst für ihre Ziele zu verwerten wussten[1]) und mit einem Schlage verschob dies Ereignis die Lage der kämpfenden geistigen Mächte ausserordentlich zum Vorteil der Poeten und ihrer Kampfgenossen, der Gewerke.

Überall in den grossen Städten wurden die Offizinen der Druckereien gleichsam die Hauptquartiere der kämpfenden Zunftgenossen; hier fand sich der geistige Generalstab von Gelehrten, Korrektoren und Künstlern (Illustratoren) zusammen, die unter der Leitung der Geschäftsinhaber und ihrer Freunde nicht bloss Pläne für neue litterarische Unternehmungen, sondern auch für die Lösung anderer wichtiger Fragen entwarfen, ohne freilich als Körperschaft handelnd in den Lauf der Dinge einzugreifen[2]).

---

[1]) Der Augustiner-Ordens-Provinzial Konrad Treger konnte nach seinem eignen Zeugnis für seine „Vermanung... vor der Böhmschen Ketzerei" längere Zeit keinen Drucker finden (1524). Die Anhänger dieser Ketzerei hätten es dahin gebracht, klagt er, „das wenig Trucker gefunden werdent, die das (was) inen zu wider trucken wöllent oder dörffent". Das bezeichnet doch zugleich den engen Zusammenhalt der Gewerke.

[2]) Es ist bekannt, dass Aldus Manutius zu Venedig in seinem Hause eine Akademie gestiftet hatte. Ebensolche Akademien begegnen uns in Deutschland, wo z. B. der Buchdrucker Thomas Anshelm nach gleichzeitigen Zeugnissen eine solche in seinem Hause besass. Fr. Irenicus, Exegesis Germaniae. Hagenau 1518 fol. XLV sagt: Hagenoam Joannes ille Secerius (Setzer) Lauchensis, Academiae Anshelmianae praeest, Selestadium Sapidus, Jacobus Spiegel, Basileam Amorbachii graecitate illustrarunt. (Vgl. Centralblatt f. Bibl.-Wesen IX. Jahrg. 1892, S. 301.) Anshelm war unter der älteren Generation der deutschen Buchdrucker einer der bedeutendsten und er hatte es stets verstanden, junge Gelehrte von Bildung und Kenntnissen an sein Geschäft zu fesseln. Er hatte seit 1488 in Strassburg und seit 1500 zu Pforzheim gedruckt. Von 1511 an wirkte er in Tübingen, wo u. A. Philipp Melanchthon in seiner Offizin Korrektor war. In Basel waren die Häuser

Wie Papst Paul II. im Jahre 1468 zwischen der römischen „Akademie" und den böhmischen Ketzern Zusammenhänge annehmen zu müssen glaubte, so war auch der deutsche Klerus bald davon überzeugt, dass die Poeten Ketzer seien, und ein angesehenes Mitglied der deutschen Societäten, Konrad Mutian, sah sich im Jahre 1513 genötigt, zu erklären, dass es ein unbilliges Verfahren sei, wenn die Gegner „die Schaaren der Poeten mit dem Makel der Ketzerei ohne Unterschied behaften"[1]).

Hierin hatte Mutian unzweifelhaft Recht. Es ist gar nicht daran zu denken, dass alle Mitglieder der Akademien, geschweige denn alle „Poeten", kirchlich anfechtbare Glaubensanschauungen hegten und es lässt sich vielmehr nachweisen, dass viele hierher zu rechnende Männer entweder rechtgläubig oder kirchlich und religiös gleichgültig waren, und man kann ruhig einräumen, dass litterarische und wissenschaftliche Neigungen für Viele das einzige Band waren, was sie mit den Bestrebungen der Sodalitäten verband. Aber ebenso unzweifelhaft ist es, dass trotz absichtlicher Verhüllungen, die wir hier stets in Rechnung ziehen müssen, zwischen den Führern der Poeten und den Ketzerschulen viele innere und manche äussere Beziehungen vorhanden waren. Wenn Papst Paul II. um das Jahr 1470 erklärte, dass er die „Poeten" und die „Astrologen" als seine gefährlichsten Gegner betrachte und wenn der Nuntius Aleander im Jahre 1520 dasselbe Urteil wiederholte, so muss jede unbefangene Geschichtschreibung zugestehen, dass beide Männer die Sachlage durchaus richtig beurteilten[2]).

---

der Buchdrucker wie Froben, Cratander, Curio u. s. w. die Mittelpunkte der Sodalitäten. Daher stammt der Vers in den Dunkelmännerbriefen:
Sed in domo Frobenii
Sunt multi pravi haeretici.

[1]) Mutian an Musardus am 15. Januar 1513: „De doctis ferunt (scil. die Gegner) sententiam oppido quam iniquam, poetarum gregem haereseos nota sine discrimine maculantes." (Krause, Briefwechsel des Mutian, S. 273.)

[2]) Aleander zählt zu den schlimmsten Gegnern des Papstes in Deutschland neben Anderen „die mürrische Sippschaft der Grammatiker und Poeten", von denen „angeblich ganz Deutschland wimmelt". S. Schriften d. Vereins f. Ref.-Gesch. XVII, 22 f.

Die Ketzerschulen, wie sie uns um 1524 zu Worms, Augsburg, St. Gallen, Zürich u. s. w. als „evangelische Brüderschaften" im Kampf mit den „neuen Evangelischen" und deren Predigern begegnen, besassen damals vielerlei Besonderheiten, die sie von den weltlichen Sodalitäten trotz der gemeinsamen Anlehnung an die Zunftstuben wesentlich unterschieden. Selbst viele Eingeweihte unter den „Poeten" und „Astrologen", die vielleicht der Glaubensüberzeugung der altevangelischen Gemeinden näher standen, wichen in den Ansichten über die Art des Vorgehens und über manche andere Frage von den Gesinnungsgenossen ab. Gleichwohl ist es erwiesen, dass um 1524 angesehene Mitglieder der Ketzerschulen zugleich Angehörige der Akademien und Sodalitäten waren, und dass die Scheidung der Wege sich erst später vollzog[1]).

Die Ketzerschulen hatten bisher mit den Männern, deren theologischer Führung sie sich anvertraut hatten, wenig Glück gehabt. Einige, wie Joh. Kessler in St. Gallen, Ulrich Zwingli in Zürich, Joh. Oecolampad in Basel, Martin Bucer in Strassburg waren allmählich zur Prädikantenpartei übergegangen; andere hatten durch ihre innere Haltlosigkeit die Sache der Brüder auf das schwerste geschädigt. Im Jahre 1524 aber trat ein Mann in den Vordergrund, in dem sie einen hervorragenden Wortführer und Vertreter gewinnen sollten, Johann Denck, ein Freund und Schützling Bernhard Adelmanns[2]) und Mitglied der Sodalität der Poeten, der dieser selbst und viele andere gelehrte Männer angehörten[3]).

---

[1]) Indessen hat der Gegensatz zwischen dem sog. Anabaptismus und den Humanisten niemals die Schärfe erlangt, wie zwischen den Lutheranern und den letzteren. Bezeichnend ist in dieser Beziehung die Stellung der beiden Parteien zu Erasmus. Die Haltung des Erasmus war den „Täufern" aller Schattirungen ebensowenig sympathisch, wie Luther und den Lutheranern. Aber die Chroniken der „Täufer", die durchschnittlich die strengste Richtung der letzteren (die nachmals im engeren Sinne sog. Wiedertäufer) vertreten, sprechen mit hoher Achtung von Erasmus, bezeichnen ihn neben Luther und Zwingli als Anfänger der religiösen Bewegung und nennen ihn „eine Zier deutscher Nation". (Beck, Geschichtsbücher der Wiedertäufer, S. 12 Anm. 2.)

[2]) Bei Horawitz u. Hartfelder, Briefwechsel des Beatus Rhenanus, S. 211, findet sich in einem Brief vom 1. März 1520 folgende Stelle: „Salvum sit sodalitium patrium. Hujus Augustanae aedis haud incelebris nominis canonicus D. Bernardus Adelman etc. — Valete et triumphate, barbariei victores inclyti."

[3]) Näheres über diese Mitgliedschaft Dencks bei Keller, Staupitz, S. 208.

Denck war um das Jahr 1495 zu Heybach (jetzt Habach) bei Hugelfing in Oberbaiern geboren und hatte sich am 29. Okt. 1517 in Ingolstadt immatrikulieren lassen, wo er bis zum Jahre 1519 geblieben war. Wir wissen nicht, wo er seine Vorbildung erhalten hat, doch ist es höchst wahrscheinlich, dass er Schüler der Lateinschule zu Augsburg gewesen ist. Seit dem Jahre 1522 begegnen wir ihm als Korrektor in den Buchdrucker-Offizinen des Cratander und später des Curio in Basel, wo er manche wertvolle persönliche Beziehung anknüpfte. Seit 1523 als Rektor der berühmten Sebaldus-Schule nach Nürnberg berufen, ward er alsbald in die religiösen Kämpfe, die damals dort ausbrachen, verwickelt.

Wir wissen nicht, wo Denck Mitglied einer der bestehenden „christlichen Brüderschaften" geworden ist; jedenfalls steht aber fest, dass er in Nürnberg solche Brüder besass und es kann nicht zweifelhaft sein, dass diese Nürnberger Brüder eine in sich geschlossene religiöse Brüderschaft bildeten, die aber bis dahin, wie aus den Prozessakten des Jahres 1524 hervorgeht, in der Stille bestand und wirkte [1]).

Unter den Eindrücken des günstigen Verlaufs der Nürnberger Reichstags-Verhandlungen von 1524 hatten die Anhänger Luthers in der grossen Reichsstadt, geführt von Andreas Osiander, die massgebenden Männer des Magistrats auf ihre Seite gebracht,

---

[1]) Wir besitzen einen merkwürdigen Brief des Arztes Landulphus an seinen Freund und „Bruder" Cornelius Agrippa von Nettesheim d. d. Lyon 1509 prid. Nonas Febr., in dem es in Bezug auf einen jungen Nürnberger heisst: Qui hasce meas ad te defert literulas, tuae nationis Germanus est, oriundus ex Norimberga, sed domicilium habens Lugduni, estque rerum arcanarum curiosus indagator et homo liber .... Vellem ego profunde virum explorares atque tibi ut suae mentis indicaret jaculum. Non procul siquidem a scopo, meo judicio, sagittat ... Tum ergo ab Aquilone in Austrum vola, undique Merculialibus pennatus alis et Jovis, si lubet, sceptra amplectere atque illum, si in nostra velit jurare capitula, nostro sodalitio adscitum face. Caeteri commilitones nostri hic tuum sperant adventum. Quare laetus ventis vela committe ac communis felicitatis nostrae complectere portum .... miranda namque hic latent .... — Cornelius Agrippa war (s. H. Morley, The life of Cornelius Agrippa. London 1856 I, S. 25) im Jahre 1506 zu Paris Mitglied einer geheimen Sodalität geworden. Nach vorstehendem Brief stand er im Jahre 1509 an der Spitze eines Sodalitiums in Lyon und war im Begriff, einen jungen Nürnberger in dieselbe aufzunehmen.

und das Ansehen der lutherischen Prediger beherrschte seit dem Sommer 1524 das Gemeinwesen.

Etwa um dieselbe Zeit aber, wo der Sieg der Lutheraner entschieden war, begannen auf Betreiben Osianders eine Reihe von Verhaftungen solcher Personen, die im Verdacht der „Ketzerei" standen. Am 31. Oktober 1524 wurde der Maler Hans Greifenberger, der in einigen Schriften unlutherische Ansichten vorgetragen hatte, ins Gefängnis geworfen, am 30. Dezember erfolgte dieselbe Massregel wider den Maler Hans Platner, nachdem schon vorher die Schüler und Zunftgenossen Albrecht Dürers, Jörg Penz, Barthel Beheim und Sebald Beheim, sowie der Goldschmied Ludwig Krug und der Maler Sebald Baumhauer, verhaftet worden waren. Die Sache erregte grosses Aufsehen. Dürer schrieb am 5. Dezember 1524 an seinen Freund Hieronymus Kratzer: „Item des christlichen Glaubens halber müssen wir in Schmach und Gefahr stehen, denn man schmäht uns Ketzer. Aber Gott verleih uns seine Gnade und stärke uns in seinem Wort, denn wir müssen Gott mehr gehorsam sein, als den Menschen... Es sind viel böser Anschläge vorhanden; es wird allein der Wille Gottes geschehen." Es kam in der That bald zu Tage, dass noch weitere „Anschläge" vorhanden waren: zu Ende Dezember wurde auch dem Rektor der Lateinschule, Joh. Denck, der Prozess gemacht, der mit dessen Ausweisung endete[1]).

Es gereicht dem Letzteren zur Ehre, dass er, obwohl selbst in seiner Existenz bedroht, sich offen und rückhaltlos als Gesinnungsgenossen der „gottlosen Maler" bekannte; „ich beschwöre alle Kreaturen und Ew. Weisheit", schreibt er an den Magistrat, „(Ihr) wollet mich und meine gefangenen Brüder, die ich in

---

[1]) Näheres bei Keller, Ein Apostel der Wiedertäufer. Lpz. 1882. — Dass Denck, der freundschaftliche Beziehungen zu Pirckheimer unterhielt, auch mit Dürer bekannt war, ist nicht zu bezweifeln. Dürer erwähnt in seinem Tagebuch in einer zu Antwerpen im September 1520 aufgezeichneten Notiz einen „Hans Dene" oder, wie Leitschuh liest, „Hans Dener". Die Lesung dieses Personennamens ist ebenso unsicher, wie die mancher anderer Personennamen in den überlieferten Handschriften (s. Lange u. Fuhse, Dürers Schriftl. Nachlass. 1893, S. 128). Es ist möglich, dass in der Handschrift Hans Denc gestanden hat. Wo Denck sich im Herbst 1520 aufgehalten hat, ist unsicher, dass er in Antwerpen Beziehungen besass, ist sicher.

der Wahrheit liebe, nicht nach dem Schein, sondern nach der Wahrheit richten".

Einer der Ankläger der Verhafteten, Veyt Wirsperger, sagt aus, dass dieselben bei einem (nicht genannten) Prediger, dem der Magistrat die Stadt verboten habe, viele „Gemeinschaften", d. h. Versammlungen, gehabt hätten. In der That ergiebt sich aus den Verhörsprotokollen, dass die Brüder auch auswärts Zusammenkünfte gehalten hatten, und die Richter nahmen an, dass sie auch anderwärts „Trost", d. h. Verbindungen und Rückhalt besassen.

Es steht fest, dass zu derselben Zeit, wo der Reichstag dort tagte und wo in Sachen des lutherischen Glaubens wichtige Beratungen stattfanden, auch Vertreter der „Ketzerschulen" in Nürnberg zusammengetreten waren. Ludwig Hützer aus Zürich, den zeitgenössische Berichte ausdrücklich als „Pickarden" bezeichnen, Hans Hut aus Franken, der in den Quellen ein Anhänger der „alten waldensischen Brüder" genannt wird[1], Leonhard Schiemer aus Judenburg, Hans Schlaffer aus Oberösterreich waren mit Denck und anderen Brüdern zusammengekommen, sicherlich nicht bloss zu Andachten, sondern auch zu Beratungen und Beschlussfassungen über die Lage der Brüdergemeinden im Reiche.

Es ist wichtig, dass die Verhaftungen der Nürnberger „Brüder" wegen religiöser Ansichten erfolgten und es versteht sich, dass die Anklage hier ebenso, wie in dem Prozess zu Augsburg, auf Gotteslästerung lautete. Aber während der Augsburger Religionsprozess weitere Nachwirkungen, soviel wir wissen, nicht hinterliess, hat der Nürnberger — er ist unter dem Namen des „Prozesses gegen die gottlosen Maler" bekannt geworden — für die Entwicklung der Reformation deshalb eine besondere Bedeutung gewonnen, weil hier zuerst die Vertreter der Lutheraner mit den Vertretern der älteren Evangelischen zusammenstiessen und nach dem Vorbild der römischen Kirche die Staatsgewalt wider die letzteren wegen Glaubensfragen in Bewegung setzten.

Die Entwicklung, die Luthers Theologie im Laufe der Jahre genommen hatte — wir können auf diese Entwicklung, die wir an anderer Stelle geschildert haben[2], hier nicht näher eingehen —,

---

[1] Näheres bei Keller, Staupitz, S. 227.
[2] Keller, Die Reformation, S. 339 ff. Ders., Joh. v. Staupitz etc., S. 130 ff.

hatte ihn und seine Anhänger weiter und weiter abgeführt von den Glaubensüberzeugungen, wie sie in den Brüdergemeinden und den ihnen nahestehenden Brüderschaften von Alters her überliefert waren.

Aus dem oben besprochenen Wormser Trostbrief lernen wir einige der vornehmsten Beschwerdepunkte der älteren Evangelischen gegen die römische Priesterschaft kennen, und es ist interessant, dass der Vorwurf der Werkheiligkeit darunter scharf hervortritt[1]). Daraus erhellt, wie sehr Luther, indem er den Kampf gegen die Werkgerechtigkeit aufnahm, die innersten Wünsche ebenso der „Bischöfe und Ältesten" in Worms, wie aller älteren Evangelischen zu den seinigen machte.

Aber der Begriff der Kirche, wie ihn Luther allmählich immer schärfer vertrat, machte die „reine Lehre", d. h. das Bekenntnis und die Sakramente, in gewissem Sinne ebenso zu Vermittlern zwischen der einzelnen Menschenseele mit Gott, wie es in der alten Kirche die Priester und die „guten Werke" waren, und an Stelle der letzteren wurde jetzt der Glaube zu einer Leistung: aus der alten Werk-Gerechtigkeit wurde eine Lehr- und Glaubens-Gerechtigkeit, die den Grundanschauungen der Gegner jeder Gerechtigkeit entschieden widersprach.

Die Kirche, wie sie den altevangelischen Gemeinden vorschwebte, sollte keine Bekenntnisgemeinschaft, sondern eine Gesinnungsgemeinschaft sein — eine Gemeinschaft, die nicht in vieldeutigen Dogmen, sondern in der gesetzmässigen Übertragung der Amtsgewalt und in der Festhaltung der altchristlichen

---

[1]) Auch in der Vorrede, die Wolff Klöpfel (Buchdrucker in Strassburg) zu der Schrift: „Verwarnung der Diener des Worts und der Brüder zu Strassburg. An die Brüder von Landen und Stetten gemeiner Eidgnosschafft", unter dem 1. April 1524 verfasste (Klöpfel war Mitglied der „Gemein Christi" in Strassburg), tritt der Widerspruch gegen die „Werkheiligkeit" scharf hervor. Klöpfel giebt damit einer Überzeugung Ausdruck, die in seinen Kreisen überliefert war. Die „Gemein Christi" zu Strassburg (wie es in der Schrift heisst), die ihre Wortführer vornehmlich in Matheus Zell und Wolfg. F. Capito erkannte, bestand zu Anfang 1524 zum Teil aus Männern, die uns später als „Wiedertäufer" begegnen. Die Schrift spricht davon, dass die „Wahrheit angefangen habe, wider inzubrechen". Neu war also nur die jetzige Ausbreitung der Wahrheit. — Die Schrift war gegen den Augustiner-Prov. Konrad Treger gerichtet. In seiner Antwort nennt er die Brüder zu Strassburg Anhänger der „böhmischen Ketzerei".

Verfassung und Glaubenslehre das einende Band für ihre Mitglieder fand.

Gerade deshalb war es ihnen anstössig, dass Luther allmählich in die Wege der Staatskirche einlenkte. Ihnen schwebte im Sinne des ältesten Christentums, das ihnen Vorbild und Norm war, als Ziel ein **freiwilliger Bund von Brüdern** vor, der als Mitglieder weder Unmündige noch durch Zwang beigetretene Personen kannte. Diejenigen aber, die volle Glieder geworden waren, standen an Rechten und Pflichten einander gleich: sie waren in der Gemeinde, gleichviel welchem Stand und welcher Nation und welchem Geschlecht sie angehörten, Christen und als solche **Brüder und Schwestern**. Während die neuen evangelischen Staatskirchen die Lehre von der Zwangsgewalt in Glaubenssachen alsbald wieder in Geltung setzten, waren und blieben jene der Überzeugung, dass die **Freiheit und Freiwilligkeit** ein wesentliches Stück der Lehre Christi bilde. Dazu kam die völlige Leugnung jeglicher **Willensfreiheit** und die im Zusammenhang damit von Luther vertretene Überzeugung, dass „Gott auch die bösen Wege regiert in den Gottlosen", die den Ansichten der älteren Evangelischen ebenso widersprachen wie Luthers Anschauungen von der **gänzlichen Verderbtheit** der menschlichen Natur und von der Erbsünde. Nimmt man hinzu, dass die Betonung des **paulinischen** Christentums, wie sie sich bei Luther immer schärfer und schärfer entwickelte, der alten Überlieferung von der centralen Bedeutung der **Herrnworte** zuwiderlief, so hat man einige (aber keineswegs alle) Meinungsverschiedenheiten sich vergegenwärtigt, wie sie sich um das Jahr 1525 zwischen den „Lutherischen" und den „Evangelischen Christen" — so nennt Hans Sachs im Jahre 1524 die beiden Parteien[1]) — entwickelt hatten.

Das grosse Ansehen, das Luther in dem schwierigen Kampfe gegen die Hierarchie errungen hatte, und die hervorragenden Fähigkeiten, die er für diesen Kampf mitbrachte, machten ihn für zahllose Deutsche und nicht am wenigsten für alle diejenigen Geistlichen und Mönche, die unter seinem Vortritt die Lossagung

---

[1]) „Ein gesprech eynes Evangelischen Christen mit einem Lutherischen, daryn der Ergerlich wandel etlicher, die sych Lutherisch nennen, angezeigt und brüderlich gestrafft wirt. Hans Sachs. MDXXIIII." Näheres über den Inhalt dieser Schrift bei Keller, Staupitz S. 183 ff.

von der alten Kirche vollzogen, zum geborenen Führer und von dem Augenblick an, wo der Kurfürst von Sachsen, der nächstmächtigste Fürst nach dem Kaiser, sich auf seine Seite gestellt hatte, hatten er und seine Freunde auch politisch denjenigen Rückhalt gewonnen, dessen eine Partei, die sich gegen die römische Kirche erfolgreich behaupten wollte, nicht entbehren konnte. So brachten die Lutheraner für den siegreichen Fortschritt ihrer Sache Voraussetzungen mit, die den älteren Evangelischen fehlten, und diese mussten sich, wenn sie den Anschluss an Luther und die werdende Staatskirche ablehnten, auf einen Kampf nach zwei Seiten vorbereiten. Gerade in Nürnberg sollte es sich zeigen, dass die Lutherischen nicht willens waren, anderen Glaubensüberzeugungen, als Luther sie vertrat, Freiheit oder Duldung zu gewähren.

Es war für die neuen Staatskirchen, die eben unter Luthers und Zwinglis Führung sich bildeten, ein ausserordentlicher Gewinn, dass ihre Vertreter der Wahrheit gemäss ihre Identität mit den älteren Ketzern bestreiten konnten. Nicht nur der überlieferte Gegensatz von Fürsten, Stadträten und Geistlichen gegen die alten „Ketzer" ward durch die Einführung einer neuen Glaubenslehre abgeschwächt, sondern es ward auch die Anwendung der noch immer zu Recht bestehenden Ketzergesetzgebung erschwert und zum Teil unmöglich gemacht.

Wie die Dinge damals lagen, enthielt der Zusammenhang mit älteren „Ketzern" eine ausserordentliche Erschwerung grösserer Erfolge [1]) und eine Gemeinschaft, die vorwärts kommen wollte,

---

[1]) In der erwähnten Schrift des Augustiner Ordens-Provinzials Konrad Treger „Vermanung ..... an ein lobliche gemeyne Eydgnosschafft vor der Böhemschen Ketzerei (1524)", findet sich folgende bezeichnende Stelle (Bl. B. III): „Und wiewol das Evangelium und Wort Gottes fürgewendt wirt ist doch das mit neuw noch zu achten, dann gemeynlich alle Ketzer sich diser Farb auch gebraucht haben, zu vereleyben ir eygenwillig frevel Fürnemen. Es war auch von nöten, ein sollich schön Deckmantelin zu brauchen, dann wer wolt dem Luther Glauben geben haben, wo er anfenglich Wicleff, Johannem Huss und dergleichen Ketzer fürgewendt solt haben. Es hätt ja keiner ein Hussit oder Böhemer genant wöllen werden, darum ist von nöten, sich Evangelisch zu heissen, damit under solcher schöner Farb die unflettig stinkend Böhemsch Sekt verkauft würd." (Exempl. in der Stadtbibl. zu Zürich). — Was Treger hier von dem Namen „Hussit" und „Böhmer" sagt, trifft in noch höherem

hatte ein grosses Interesse daran, solche Zusammenhänge wenigstens nicht öffentlich zu betonen. Während daher in den Schriften und öffentlichen Erklärungen der älteren Evangelischen Hinweise auf die früheren Zusammenhänge begreiflicherweise selten sind, wurde doch ebenso im engeren Kreise der Brüder wie in den Schriften der Gegner die Abstammung von den früheren Ketzern bestimmt genug ausgesprochen[1]).

Andererseits war um das Jahr 1524 die Furcht vor dem Wiederaufleben der böhmischen Kämpfe, die einst ganz Mitteleuropa erschüttert hatten, so gross, dass Fürsten und Prälaten in jenem Augenblick mit gutem Grund mehr Besorgnisse vor der „böhmischen Ketzerei", als vor irgend einer neu aufkeimenden Religionsgemeinschaft hegten, mit der sie früher oder später schon fertig zu werden hoffen mochten. Es ist nicht ausgeschlossen, dass kluge Kirchenfürsten und Priester der Ansicht gewesen sind, zur Beschwichtigung der tieferregten Volksleidenschaften seien einstweilige Zugeständnisse an die Lutheraner eine geringere Gefahr; ja vielleicht tauchte in einzelnen Köpfen schon damals der Gedanke auf, dass solche Zugeständnisse ein Mittel werden könnten, um die einen durch die andern zu vernichten. Dass die römische Hierarchie wenige Jahre später dasselbe Spiel trieb, um durch die Lutheraner die Reformirten niederzuhalten, steht fest und ist geschichtlich erwiesen. Jedenfalls verdient es Beachtung,

---

Grad auf den Namen „Waldenser" zu. Der Name Vauderie bedeutet in den romanischen Ländern geradezu „Hexerei" und war ausserordentlich gehässig.

[1]) Die eben erwähnte Schrift des Ordens-Provinzials Treger, die die Namen „Luthersche" und „Böhmen" noch gleichsetzt, ist in dieser Beziehung sehr interessant. Treger sagt (Bl. D. 4): „Aber Du solt wissen frommer Christ, dass die lutherschen ein eygne Kirch haben, vor vil jaren von etlichen ketzern erdacht, damit sie von nyemants geurteylt noch gestrafft möchten werden." Und weiter (Bl. E. 2): „Und was understen ir (die „Diener des Worts und Brüder zu Strassburg", wider die Treger schreibt) dann . . . . die schedlichen Ketzer (verdampter Gedechtnüss Wicleff, Waldenses, Johannem Huss) widerumb herfür zu thun und zu verfechten." Deshalb nennt er seine Gegner auch bald „Liebe Hussische Brüder", bald „Lutherische", bald „Liebe Böhemsche Brüder" und am Schluss wirft er den „Lutherschen und Böhemschen Prälaten" vor: Ihr würdet, wenn Ihr die Gewalt hättet, Christus und alle Heiligen aus der Christenheit jagen „und uns Johannem Wicleff, die Waldenses, Johannem Huss, euwere Eltern, und dergleichen vil ketzer an die statt geben".

dass die Versuche der katholischen Polemiker, die Lutheraner und die „Ketzerschulen" der älteren Evangelischen zu identifizieren und gleichzusetzen, wie sie bis zum Jahre 1525 gemacht wurden, seit jener Zeit gänzlich aufhören. Von da an ist die römische Partei vielmehr bemüht, diese Gegensätze thunlichst zu erweitern und die einen gegen die anderen auszuspielen. Es lag auf der Hand, dass diejenigen die Kosten zahlen mussten, die von der römischen Kirche als die gefährlichsten Gegner betrachtet wurden. Diese Wendung in der gegenseitigen Stellungnahme der Parteien wird durch das Aufkommen der neuen Sekten-Namen, die bald in Schwang kamen, gekennzeichnet.

Die Namen der 34 Abgeordneten schweizerischer „Ketzerschulen", die im Jahre 1522 auf dem „Lindenhofe" eine Versammlung hielten, sind uns, soweit es sich nicht um die Züricher Brüder handelt, leider unbekannt geblieben, auch die Teilnehmer an den Synoden und „Kapiteln", die Hubmeier im Jahre 1524 abhielt, kennen wir dem Namen nach nicht. Um so erfreulicher ist es, dass wir sowohl von der Augsburger Versammlung (s. oben), wie besonders von der Nürnberger des Jahres 1524 manche Teilnehmer mit Namen kennen. Es sind dies dieselben Männer, die bei der Synode der „Wiedertäufer" zu Augsburg im Jahre 1527 uns als Führer dieser Religionsgemeinschaft entgegentreten[1]) und es lässt sich daraus schliessen, dass Denck, Hätzer, Hut, Schiemer, der als Bischof der „Wiedertäufer" in Oberösterreich im Jahre 1528 den Märtyrertod starb, und Schlaffer[2]) der als „Diener des Worts" unter den „Wiedertäufern" in Mähren wirkte und 1528 hingerichtet wurde, schon im Jahre 1524 in den heimlichen Gemeinden besonderes Ansehen genossen.

Bis zum Schlusse des Jahres 1524 hatten sich die Brüderschaften und heimlichen Gemeinden trotz der lebhaften Thätigkeit, in der sie sich seit dem Ausbruch der grossen religiösen Bewegung befanden, in der Stille gehalten und nichts an ihren Daseinsformen geändert.

---

[1]) Näheres über diese Synode siehe bei Keller, Die Reformation etc., S. 246.
[2]) Über Schlaffer siehe den Artikel in der Allg. d. Biogr.

Jetzt aber, als die Lutheraner und Zwinglianer unter dem Schutz einiger Fürsten und Städte den offenen Kampf gegen die „Ketzerschulen" begannen, hielten eine Anzahl angesehener Brüder in der Schweiz, an ihrer Spitze Jörg Blaurock, Wolfgang Ulimann und Konrad Grebel, den Zeitpunkt für gekommen, den Kampf aufzunehmen und die Loslösung von der alten wie der neuen Kirche unter Einführung des Sakraments-Kultus, wie sie ihn in Übereinstimmung mit den Brüdergemeinden der früheren Jahrhunderte für schriftgemäss hielten, öffentlich zu vollziehen. Das geschah durch die Einführung der Spättaufe um den Beginn des Jahres 1525 zu Zürich und alsbald auch zu St. Gallen, wohin sich Denck, nach der Vertreibung aus Nürnberg, zu den Brüdern geflüchtet hatte. Damit folgten die Schweizer Brüder dem Beispiel, das die Brüder in Böhmen, als sie sich zur öffentlichen Trennung von der herrschenden Kirche entschlossen, im Jahre 1467 gegeben hatten; auch hier war der erste Akt der Loslösung die Vornahme der Glaubenstaufe an den versammelten Brüdern gewesen.

Hier wie dort wiederholten sich jetzt innerhalb und ausserhalb der neuen Religionsgemeinschaft die Vorgänge, die seit den Tagen der grossen Ketzerkriege jedesmal beobachtet worden waren, wenn die alten Christengemeinden aus den Formen der Bruderschaften heraustraten und sich in kirchlichen Formen organisierten.

Wie einst in Böhmen unter Mitwirkung der Utraquisten, die von der Kurie ins Interesse gezogen waren, begannen jetzt in Deutschland mit Hülfe der Lutheraner und Zwinglianer blutige Verfolgungen, die bei der Übermacht der Gegner und bei der Roheit, wie sie die Entfesselung des religiösen Fanatismus zu begleiten pflegt, entweder zur vollen Ausrottung oder zur Unterbindung ihres inneren und äusseren Zusammenhangs und zur geistigen Aushungerung des schwächeren Teils führten. In abgelegene Winkel gedrängt, geschmäht, gelästert und zur Verzweiflung getrieben, mussten die Besiegten in ihren eignen Reihen mancherlei Verirrungen reifen sehen und vereinzelt, an der öffentlichen Bethätigung ihres Glaubens gewaltsam verhindert, ihrer geistigen Führer beraubt, führten sie meist ein kümmerliches Dasein, voller Spaltungen und Engherzigkeiten, die ihnen jede Möglichkeit der Einwirkung auf das allgemeine Leben raubten.

Ebenso wie um die Mitte des 15. Jahrhunderts zwischen

den Brüdern in Böhmen und den Brüdern in Österreich, die innerhalb der römischen Kirche verharrten, über dies Verhalten Meinungs-Verschiedenheiten ausbrachen[1]), so entstanden auch um das Jahr 1525 in Deutschland unter den Brüdern selbst innere Kämpfe über die Frage, ob der Zeitpunkt für die Einführung des Sakraments-Kultus in den Brüderschaften gekommen sei, oder ob es besser sei, den Kampf für den alten Glauben bis auf bessere Zeiten in der bisherigen Art weiter zu führen. Da um jene Zeit Niemand unter ihnen war, der den Sakramenten eine gnadenvermittelnde Wirkung zuschrieb, und also Niemand der Ansicht war, dass sie zur Erlangung des Seelenheils notwendig seien, so bildete die Tauffrage keineswegs den Angelpunkt ihrer Glaubenslehre.[2])

Kein geringerer als Zwingli, der gerade demjenigen Kreise sehr nah gestanden hat, dessen Angehörige mit der Einführung der Spättaufe den Anfang machten, bezeugt in seiner Schrift „Vom Tauf, Wiedertauf und Kindertauf", dass die übertriebene Schätzung der Spättaufe, wie sie Grebel, Blaurock, Manz und andere alsbald bekundeten, eine Verlengnung des ursprünglichen Standpunktes der Brüder sei, die früher am lautesten verkündet hätten, dass die Ceremonien nichts austrügen für die Erlangung des Seelenheils[3]), und es ist nachweisbar, dass auch im Schosse der alten „Ketzerschulen" selbst die übertriebene Betonung vielfach als eine Neuerung und als eine Art Abfall von den alten Überlieferungen betrachtet wurde, den manche Brüder nicht mitzumachen entschlossen waren.

Es kam hinzu, dass die öffentliche Einführung des Sakraments-Kultus — früher hatte man die religiösen Ceremonien vielfach in symbolischen Einkleidungen vollzogen oder unter weltlichen Formen verhüllt — den Gegnern die Handhabe bot, die alten Ketzergesetze von neuem zur Anwendung zu bringen. Ein Kampf aber, der sich zu einem Ringen um die Taufe der Erwachsenen zuspitzte, musste eben dieses Sakrament in den Vordergrund aller Interessen rücken; es konnte nicht ausbleiben, dass eine Lehre, um deren Behauptung willen so viel Blut floss,

---

[1]) S. M. H. der C.G. 1894 S. 173.
[2]) Selbst Ludwig Hätzer hat gelegentlich erklärt, „er habe die Wiedertaufe nie gerühmt". S. Keller, Staupitz S. 304.
[3]) Die Schrift vom Tauf etc. s. in Zwinglis Opp. II, S. 230 ff.

den Verteidigern wie den Gegnern bald als das Hauptstück des Christentums erschien, und dass damit eine unheilvolle Verschiebung und falsche Wertmasse eintraten.

Indem die grossen und fruchtbaren Gedanken, die den ursprünglichen Kern dieser altevangelischen und altchristlichen Bewegung bildeten, durch diese unglücklichen Entwicklungen thatsächlich in einigen Punkten verdunkelt wurden, verlor das System einen Teil der werbenden Kraft, die ihm Jahrhunderte lang eigen gewesen war, und die Männer, die ehedem von dem heissen Streben erfüllt waren, die Reformation der ganzen Welt durch den Glauben, der sie beseelte, zu wirken, zerrieben ihre Kräfte in Kämpfen und Spaltungen aller Art und waren froh, wenn es ihnen vergönnt blieb, in engem Kreise ihr eigenes Seelenheil zu schaffen.

So kam auf den Wegen, die die Züricher „Ketzerschule" einschlug, von vornherein die Gefahr in den Gesichtskreis, die späterhin die Achillesferse des sog. Anabaptismus im engeren Sinne werden sollte, nämlich die Neigung, gewisse Besonderheiten äusserer oder innerer Art in ihrem Werte zu überschätzen und damit einem Conventikel-Glauben den Weg zu bereiten, der von den weltumspannenden Zielen der alten Brüderschaften sehr weit entfernt war.

Die Zeit war für die Durchsetzung der Formen und Anschauungen, wie sie Blaurock und Grebel in Zürich vertraten, selbst dann noch nicht reif, wenn sie in massvoller Weise zur Durchführung gekommen wären, als es thatsächlich geschah. Es kennzeichnet die Stimmungen, wie sie selbst bei wohlwollenden Männern vorhanden waren, wenn im Jahre 1530 der Pfarrer Matthias Bodmer erklärt: „der Täufer Ding gefalle ihm wohl, ausser dass sie es zu früh haben angefangen".[1]

Sehr bezeichnend für die Entwicklungen, die sich bald vollzogen, sind die Vorgänge, die sich zu Beginn des Jahres 1525 in der oben geschilderten Brüderschaft zu St. Gallen abspielten. Wolfgang Ulimann, der „Diener Worts" in dieser Brüderschaft, war auf die Kunde von den Vorgängen in Zürich dorthin geeilt und hatte sich von Grebel die Spättaufe erteilen lassen. In der ersten Hälfte des März kehrte er nach St. Gallen zurück und

---

[1] Egli, Die Züricher Wiedertäufer S. 90.

berief zum 18. in die Zunftstube der Weber am Markt eine Versammlung der Brüder, um sie zur öffentlichen Einführung der Taufe auf den Glauben zu bewegen. In der That schlossen sich der Zunftmeister Mainradt Weniger, der bisherige „Oberste und Angeber" der Brüderschaft, und sonstige angesehene Mitglieder dem Ulimann an und empfingen die Taufe; andere aber verweigerten den Empfang und es kam zur Spaltung.[1])

Diese Ereignisse sind für die Entwicklungen, die jetzt eintraten, typisch: es kam an vielen Orten zu heftigen Bewegungen innerhalb der Brüderschaften, die zum teil mit einer völligen Entfremdung unter den früher vereinigten Männern endeten.

Diejenigen, welche seit 1525 in der Spättaufe das unerlässliche Bundeszeichen erkannten, folgten in erster Linie der Führung solcher Männer, unter denen die Überlieferungen des alten Apostel-Kollegs besonders stark fortlebten. Die ehemaligen Mönche Jörg Blaurock, Wolfgang Ulimann und andere sind es gewesen, die aus diesen Traditionen heraus den Charakter der „Ketzerschulen", soweit letztere ihnen treu blieben, in stark asketischem Sinne beeinflusst haben. Der von ihnen gemachte Versuch, die ganze Welt unter die Regeln der „Vollkommenen" zu stellen, konnte unmöglich gelingen, und indem damit die ehemalige Dreiteilung der Gemeinde verwischt und verdunkelt wurde, ging der Sinn der alten Ordnungen in wesentlichen Stücken verloren.[2])

So kam es denn, dass manche Brüder, die sich diesen Entwicklungen nicht anschliessen konnten, den Anschluss an diejenigen unter den „neuen Evangelischen" suchten, die ihren religiösen Ansichten verhältnismässig am wenigsten fern standen, vor allem an die Reformirten, wie sie sich nach Zwinglis Tod und vor dem Auftreten Calvins zu entwickeln schienen. Es waren keineswegs nur die romanischen Waldenser, die durch Oecolampads Vermittlung seit der Mitte der 30er Jahre ihre Annäherung an die Reformirten bewirkten, sondern schon frühzeitig sehen wir die niederrheinischen Ketzerschulen teilweise auf denselben Wegen wandeln.

---

[1]) Joh. Kesslers Sabbata. Hrsg. von Ernst Götzinger St. Gallen 1886. I, 198 ff.
[2]) Weiteres über diese Entwicklungen siehe bei Keller, Staupitz S. 275—315.

Es sind uns die Aufzeichnungen einer Familien-Chronik zu Emmerich aus der Mitte des 16. Jahrhunderts erhalten, die über die Entstehung der dortigen „reformierten Gemeinde" und über die Zusammenhänge mit den Brüdern, die man „Waldenser" nannte, interessante Aufschlüsse geben [1]), und was an einem Punkte urkundlich nachweisbar ist, wird sich an andern in der Stille in ähnlicher Weise vollzogen haben.

Die Spaltungen, die seit der Einführung der Spättaufe und der grossen Verfolgungszeit eintraten, erstreckten sich ebensowohl auf die Ketzerschulen und heimlichen Gemeinden wie auf die „Akademien" der „Poeten", und während dieselben Männer, die um 1522 als Wortführer der ersteren auftraten, später vielfach als „Wiedertäufer" verfolgt wurden, finden wir unter den Poeten einen erheblichen Teil derselben Namen, denen man nachmals unter der Bezeichnung freie Täufer den Makel der Ketzerei anzuheften suchte.

Wir besitzen den Brief eines Ungenannten aus dem September 1523 über die „Ketzer", welche damals in Schlettstadt vorhanden waren; die „rechtschuldigen" und „allernamlichsten", d. h. die namhaftesten und die Führer waren folgende: Dr. **Paulus Seidensticker**, **Joh. Sapidus**, **Lazarus Schürer**, ein Goldschmied Namens **Sebastian**, ein Sattler **Lorenz**, ein Küfer **Antonius**, ein Weber **Hans vom Bach**, ein Scherer, ein Gerber, ein Junker und andere [2]). Es ist nicht überliefert, ob diese Männer,

---

[1]) Näheres bei Keller, Staupitz S. 244 ff.
[2]) Aus dem Briefe eines Ungenannten. 1523 September: „Mein undertenig, willig und gehorsam Dienst etc. Edler und strenger Herr. Demnach und eur strengkeit mir hatt geschrieben und dar by mich gebetten, das ich eur G. zu wissen thue, wer doch albie sige, der sich des ketzerschen Glaubens anneme, es auch iren ein grosse zal sige, deren zu widersteen were, so ver und es überhandt neme: Lass ich eur G. wissen, dass iren uff dreissig sind rechtschuldige, wie wol der andern auch ein teil mer sind, aber die sint die rechtschuldigen under welchen die allernamlichsten sind: Doctor Paulus (Seidensticker genannt Phrygio), Sapidus, Lazarus (Laz. Schurerius), ein Goldschmidt Bastian, einer batt, einer Jeronimus, ein Sattler Lorentz, ein Kieffer Anthoni, ein Weber Hans vom Bach, ein Scherer, ein Gerber, der Junker, so von Ensen ist zogen, Cunradt Schutzen sun, ein treger und zwo frawen, die kreftenin, denen min Herrn allen wol möchten widderstan, dem einen mit gewalt, dem andern mit Hemmung sins ampts, aber dem Lazarus zuvor nit, dan er rich und gelert und wol gefrünt ist, dem goldtschmidt, das er sich zu gar wol hüt und nit zu be-

unter denen die Handwerker überwiegen, im Jahre 1523 bereits eine religiöse Gemeinschaft bildeten, sicher ist aber, dass eine litterarische Sodalität schon seit längerer Zeit in Schlettstadt bestand, als deren Mitglieder uns zum teil gerade diejenigen Männer begegnen, die oben als „Ketzer" erscheinen, darunter Sapidus, Seidensticker, Schürer u. a. Und wenn wir z. B. aus Strassburg ähnliche Ketzerlisten besässen, würden sich die Zusammenhänge noch deutlicher herausstellen. Jedenfalls steht es fest, dass Männer wie Otto Brunfels, Lucas Hackfurt, gen. Bathodius, Paul Volz, Joh. Schwebel u. a., die später als „freie Täufer" bekannt geworden sind, ebenso Mitglieder jener litterarischen „Sodalitäten" waren, wie Joh. Denck, Simon Stumpf, Conrad Grebel, Hans Bünderlin u. s. w., die nachmals als eigentliche „Wiedertäufer" galten.

Die Beziehungen der Schlettstadter „Sodalen" zu den Handwerkern waren ebenso wenig zufällig, wie die Verbindung Johannes Kesslers in St. Gallen mit den dortigen Zunftmeistern. Es mag dahingestellt bleiben, ob die gelehrten Sodalen Mitglieder einer Zunft waren oder nicht[1]); sicher ist, dass sie ihren Rückhalt in diesen Organisationen fanden und dass die Zunftmeister keineswegs ausschliesslich die Geführten, sondern vielfach die Führer der Bewegung waren.

---

greifen ist in worten, dann er zu voller list ist und still ist, aber der grunt ist luterer, so wir haben, — dem Junkeren, das er auch erfaren ist und wo wir in was verbüten, besorgen wir einen Ufrur, dann fyl in hie umb der Ketzerey lieb haben, besorgen auch, er werde durch die luterschen ein rumor unter uns anstatten." Nach einer Abschrift im Thesaurus Baumianus (Univ.-Bibl. zu Strassburg) II fol. 43. Der Brief ist vollständig abgedruckt bei Ch. Fr. Walther, Histoire de la Réformation etc. à Selestadt 1843. App. S. 15.

[1]) Felix Faber sagt in seinem Tractatus de civitate Ulmensi (ca. 1490): „Prima zunfta et major est mercatorum (Kramer und Gewandschneider). Magnum haec zunfta continet numerum non solum mercatorum, sed artificum disparatis artificiis laborantium (Maler, Bildhauer, Steinhauer etc.), aliquos etiam habet, qui nec mercantiis nec artificiis vacant, sed ut domicelli vivunt, ut sunt Bitterlin. — Istae zunftae omnes sunt legibus scriptis ordinatae et quaelibet habet suum magistrum, qui est de consulatu et divisae sunt majores zunftae per societates (Rotten), qui etiam suos habent praefectos. (Publik. des Litterar. Vereins Bd. 186 S. 134 u. 138.)

Es ist unbegreiflich, dass man den engen persönlichen und sachlichen Zusammenhang der „Ketzerschulen" mit der Entwicklung des sog. Anabaptismus nicht längst bestimmter betont hat, um so unbegreiflicher, weil sowohl die Chronisten wie das Volk, das die Ereignisse miterlebte, ausdrücklich bestätigen, dass ein solcher thatsächlich vorhanden ist.

Die Chronisten der „Täufer", deren genaue Bekanntschaft mit den Ereignissen innerhalb der Partei ebenso feststeht wie ihre Wahrheitsliebe, zählen zu den ersten Märtyrern ihrer „lang unterdrückten und jetzt wieder emporgetauchten Kirche" gerade solche in und um 1524 hingerichteten und verfolgten Männer, die in den „christlichen Gemeinden" vor der Einführung der Spättaufe geistliche Ämter verwalteten: z. B. Hans Koch und Leonhard Meister in Augsburg, Kaspar Tauber in Wien und Georg Wagner in München. Wie wären solche Angaben ohne Verletzung der Wahrheit möglich gewesen, wenn nicht die Täufer, die diese Chroniken schrieben, gewusst hätten, dass diese hingerichteten Männer Mitglieder derselben Gemeinschaft und Brüder waren?

Wenn man aber zweifeln wollte, ob die Chroniken sich nicht doch vielleicht eines Versehens schuldig machen, wenn sie Männer zu den ihrigen zählen, die vor der angeblichen Entstehung der „Wiedertäuferei" bereits hingerichtet waren, so ist darauf zu verweisen, dass die angesehenen Gemeindeglieder, die etwa um die gleiche Zeit die Lieder der Gemeinschaft zusammenstellten, unmöglich aus Irrtum die Lieder derselben Brüder mitaufgenommen haben können, und hätten sie sie aufgenommen, so würde die Gemeinschaft dies mit Entrüstung als Fälschung der Wahrheit zurückgewiesen haben[1]). Giebt es heute etwa Historiker oder Theologen, die es wagen könnten, sich eine bessere Kenntnis des Sachverhaltes zuzutrauen oder die im Stande wären, jene Männer falscher Angaben zu überführen?

Noch deutlicher spricht die Volksmeinung jener Tage sich in demselben Sinne aus. Heinrich Bullinger (gewiss ein unverdächtiger Zeuge) bestätigt in einer seiner zeitgenössischen Schmähschriften gegen die „Wiedertäufer", dass die Männer, für welche

---

[1]) S. das Lied, das Hans Koch und Leonh. Meister gemacht haben „Ach Gott Vater im höchsten Thron" im „Ausbund" etc. Nr. 40.

Ulrich Zwingli im Jahre 1525 den neuen Ketzernamen „Wiedertäufer" erfand, bis dahin „Spirituöser" geheissen hätten und macht damit eine Angabe, die durch die Akten bestätigt wird. Aber Bullinger verschweigt, dass der Volksmund die „Wiedertäufer" auch nach 1525 „Spirituöser" nennt und überhaupt bis tief in das 16. und 17. Jahrhundert hinein dieselben alten Namen gebraucht, die seit Jahrhunderten für die Waldenser u. s. w. üblich waren und dass die neue Erfindung der gelehrten Streittheologie bei den Bürgern und Bauern sehr geringen Eingang fand. Dieselben Gemeinden und Personen, die Urbanus Rhegius um 1528 als „Wiedertäufer" verfolgte, nannte der Volksmund „Gartenbrüder" oder „Gartbrüder", d. h. „gardende" (wandernde) Brüder[1]), weil dem kleinen Mann die Wanderprediger am besten bekannt waren. Noch in den achtziger Jahren des 16. Jahrhunderts hiessen die „Wiedertäufer" in Baiern „Grubenheimer" oder „apostolische Brüder" und „Sabbatarier" wie die „Waldenser". Ja noch im zweiten Jahrzehnt des 17. Jahrhunderts waren in Niederdeutschland zur Bezeichnung der Gemeinden, die sich damals Taufgesinnte nannten, die uralten Ketzernamen des 13. bis 15. Jahrhunderts vielfach in Gebrauch[2]).

Während die protestantischen Theologen alsbald darüber einig waren, dass in den „Wiedertäufern" eine „neue und unerhörte Sekte" auf den Plan getreten sei, gaben katholische Zeitgenossen der entgegengesetzten Ansicht sehr bestimmten Ausdruck. Der Augustiner Bartholomaeus von Usingen verfasste im Jahre 1529 eine gelehrte Streitschrift gegen die „Rebaptizantes", aus

---

[1]) Vgl. Keller, Staupitz, S. 225. — v. Steffen, Gesch. Augsburgs I, 606, berichtet nach den Ratsdekreten zum Jahre 1573: „Wider einige Gart-Brüder (d. h. Wiedertäufer), so sich abermals zu Augsburg eingeschlichen, ist um diese Zeit stark inquirirt." Dass etymologisierende Gelehrte das Wort von Garten (Hortus) ableiteten, beweist für den wahren Ursprung dieses volkstümlichen Ausdrucks nichts. Der vielfach vorkommende Ausdruck „gardende Knechte" bedeutet im gleichen Sinn „wandernde (bald hier, bald dort dienende) Söldner".

[2]) Keller, Die Gegenreformation in Westfalen u. am Niederrhein III, 204. Besondere Beachtung verdient dabei der in Holland und in Niederdeutschland im 16. u. 17. Jahrhundert zur Bezeichnung der „Wiedertäufer" vielfach vorkommende Name „Tibben" (s. u. a. Holländ. Kirchen- u. Schulstaat P. I, c. 59 p. 822 ff.). Tibbe bedeutet einen weiblichen Hund. Der Name „Hunde" aber (Christenhunde) kommt in Norditalien wie in Südfrankreich zur Bezeichnung der „Waldenser" häufig vor; sie heissen dort Chaignars oder Chiennars, vgl. Jac. Mehrning, Taufhistorie 1695.

der, wie man auch sonst darüber denken mag, soviel hervorgeht, dass er sich um die neue Partei genau bekümmert hat. Darin erklärt er: „Weil aber diejenigen aus dem Pikardentum ihren Ursprung genommen haben, die man heute Anabaptisten oder Katabaptisten wegen der Wiederholung der Taufe nennt, schien es mir zweckmässig, den einfachen Leuten eine Art katholische Belehrung zu geben" u. s. w.[1]).

Vielleicht mag man diesen Augustiner in der Sache für nicht hinreichend zuständig halten. Unzweifelhaft muss man aber die Kanonisten der Kaiserlichen Kanzlei für zuständig erachten, die mit der Ausarbeitung der Ketzergesetze der Jahre 1528 und 1529 beauftragt waren. Oder bestreitet man auch diesen ein Urteil über das Wesen der „Sekte", mit deren Bekämpfung sie betraut waren? Da ist es nun merkwürdig, dass das Speierer Mandat vom 23. April 1529, das für die Entwicklung des religiösen und kirchlichen Lebens in Deutschland eine so grosse Bedeutung gewonnen hat, ganz im Gegensatz zu den damals bereits üblichen Wendungen der theologischen Streitschriften und zu den Meinungen, die auf dem Speierischen Reichstag laut geworden waren, die Sekte, gegen die es gerichtet ist, ausdrücklich als solche bezeichnet, die schon vor Jahrhunderten verdammt worden sei[2]).

Sehr merkwürdige Streiflichter fallen auf die Zusammenhänge, wenn man die Namen der Personen, die in die Ketzerprozesse des 15. Jahrhunderts verwickelt waren, mit den Familiennamen vergleicht, die in der Geschichte der sog. Täufer wiederkehren. Nach Ausweis der im Jahre 1881 veröffentlichten Akten der „Waldenser"-Prozesse zu Freiburg (in der Schweiz) wurden um 1399 und 1430 u. A. folgende Personen vor Gericht gestellt: Stucky, Nukomer, Huser, Bucher, Meyer, Studer, Troger, Rollet[3]).

---

[1]) Barthol. de Usingen, Augustiniani, Contra Rebaptizantes. Confutatio eorum, quae Lutherus scripsit in Rebaptizantes. Coloniae apud Joh. Gymnium. MDXXIX. 8°. Bl. A. 2(b) heisst es: Quia autem hoc tempore de Pycardismo exierunt, quos Anabaptistas vel Catabaptistas ab iterata tinctione vocant, visum est mihi, instructionem quandam catholicam dare simplicibus etc. — Ein Exemplar befindet sich in d. Stadt-Bibl. zu Hamburg.

[2]) Die Stelle des Mandats siehe bei Keller, Die Waldenser etc. 1886, S. 133.

[3]) Oechsenbein, Der Inquisitionsprozess gegen die Waldenser in Freiburg, 1881.

Wie kommt es, dass dieselben Familien in die Täuferbewegung des 16. und 17. Jahrhunderts verwickelt sind?

Wie dem auch sei, so steht fest, dass der neue Name „Wiedertäufer" lediglich eine neue Entwicklungsperiode in der Geschichte einer sehr alten Bewegung bezeichnet. Jede Religionsgemeinschaft hat solche Entwicklungsperioden erlebt und, in der Geschichte aller Kirchen haben derartige „Neuerungen" tiefe Spuren zurückgelassen. Aber keine Religionsgemeinschaft kann und wird zugeben, dass solche Entwicklungsphasen die Kontinuität und die geschichtlichen Zusammenhänge unterbrechen; jede wird sich trotz geschichtlichen Fortschreitens mit den älteren Epochen eins wissen und fühlen.

Es ist sehr sonderbar: die römisch-katholische Kirche, die seit den Zeiten Konstantins ihr inneres Wesen völlig änderte, behauptet unentwegt, dass sie als Kirche mit der Zeit der Apostel in ununterbrochenem Zusammenhang stehe, und dass dieselbe Kirche vor und nach jener Zeit bestanden habe. Hier wagt kaum Jemand zu widersprechen, obwohl die klaffenden Unterschiede in Verfassung und Lehre mit Händen zu greifen sind und eigentlich von keiner Seite bestritten werden.

Wenn aber die Brüdergemeinden des 16. Jahrhunderts versichern, dass sie in ungelöstem Zusammenhang mit den älteren Brüdergemeinden ständen und die Übereinstimmung des Glaubens und der Verfassung deutlich auf der Hand liegt, auch kaum von Jemandem geleugnet wird, so sind dies Erfindungen, um „neue Sektierer mit einem hohen Alter zu schmücken".

Wenn die Polemiker sich eingehender mit der Geschichte dieser ausserkirchlichen Christen beschäftigt hätten, so müsste ihnen die Thatsache aufgestossen sein, dass die Gemeinden, die man „Wiedertäufer" nannte, sich selbst mit denselben Namen nennen, die seit Jahrhunderten diejenigen „Ketzer" von sich gebrauchten, die man Waldenser, Pickarden, Spiritualen, Grubenheimer u. s. w. nannte. Sie nannten sich, der alten Überlieferung getreu, Christen, Gemeinden Christi, christliche Gemeinden oder einfach Gemeinden und gebrauchten unter sich den Ausdruck Brüder, indem sie sich je nach den Ländern, wo sie wohnten, als böhmische Brüder, Schweizer Brüder, lombardische Brüder u. s. w. von einander und von den bestehenden Kirchen unterschieden.

Es zeugt von einer höchst oberflächlichen Kenntnis der Überlieferungen, die innerhalb der alten Ketzer mit grosser Festigkeit und Klarheit lebten, wenn man meint, dass Grebel, Denck, Hubmeier und Andere im Stande gewesen wären, ihrer angeblich neuen Gemeinschaft dieselben Namen zu geben, die die alten „Waldenser" unter sich gebrauchten, ohne dass mit den letzteren ernste Misshelligkeiten entstanden wären. Die neuen Brüder kamen zu einer Zeit auf, wo in Böhmen und Mähren, in Südfrankreich wie in Piemont die alten Christengemeinden noch zahlreich vorhanden waren; die Erhebung der „Schweizer Brüder" und selbst die öffentliche Einführung der Spättaufe (die jene nur teilweise übten, wenn sie sie auch sämtlich für schriftgemäss hielten), fanden aber nicht nur keinen Widerspruch bei den ausserdeutschen Brüdern, sondern in Böhmen und Mähren fanden die verfolgten „Wiedertäufer" — man nannte sie dort „neue Waldenserbrüder", — Aufnahme bei denselben Magnaten (ich erinnere an die Herren von Kaunitz, die Grafen von Zierotin und die Herren von Lichtenstein), die die Anhänger und Beschützer der „böhmischen Brüder" waren [1]).

Wir besitzen über die böhmischen Brüder und über die Verwandtschaft derselben mit den „Wiedertäufern" — der Name bezeichnete um 1530 die strengste Richtung des sog. Täufertums — das Urteil eines ausgezeichneten Kenners beider Religionsgemeinschaften, Sebastian Francks, und es ist wichtig, dass dieser die völlige Übereinstimmung der Strengeren unter ihnen betont; auch innerhalb des Anabaptismus gab es damals andere Richtungen, die Franck ausdrücklich als „freie Täufer" von den übrigen unterscheidet [2]).

---

[1]) S. M. H. der C.G. 1895 S. 257. — Ulrich v. Kaunitz, der im Jahre 1511 vor dem Landrecht belangt wurde, weil er in seiner Stadt Austerlitz „Waldenser" oder „Pickarden" aufgenommen hatte, machte sich im Jahre 1529 zum Beschützer der „Wiedertäufer", die damals in dieselbe Stadt wanderten. Beck, Geschichtsbücher, S. 74. — Im Jahre 1546 fanden die „Wiedertäufer" Aufnahme seitens eines eifrigen „Pickarden", des Ritters Hyneck Bilik von Kornie in Mähren. — Man betrachtete die „Schweizer Brüder" in Mähren als eine neue Spielart der „böhmischen Brüder", wie letztere deren manche unter sich hatten; thatsächlich erkannten sie sich anfänglich, trotz gelegentlicher Kämpfe, im weiteren Sinne gegenseitig als Brüder an.

[2]) Seb. Franck schildert in seiner Chronik (Ausgabe v. 1565 fol. 198), die vor dem Jahre 1531 niedergeschrieben ist, die böhmischen Brüder also:

In ganz anderem und viel entschiedenerem Sinne, als z. B. die Lutheraner und die Reformirten, fühlten sich um das Jahr 1525 die altevangelischen Gemeinden aller Länder als Glieder einer Religionsgemeinschaft. Sie besassen überall, wo sie Gemeinden bildeten (gleichviel ob diese innerhalb des Verbandes der römischen Kirche heimlich existirten oder ob sie sich von dieser öffentlich losgelöst hatten), Bischöfe und Apostel, die ihre „Sendung" durch die Handauflegung anderer Brüder erhalten hatten. Sie waren überzeugt, dass diese Bischöfe die Gewalt des Amtes in regelmässiger Weise erhalten hätten und dass sie dadurch mit den älteren und ältesten Gemeinden in rechtmässiger Verbindung geblieben seien.

Die rechtsgültige Konstituirung der Gemeinde, nicht irgend eine Lehre oder Ceremonie, war damals wie früher für die Brüder in allen Ländern das wesentliche Kennzeichen, woran sie sich als Glieder derselben Gemeinschaft erkannten. Man hat auffallenderweise bisher meist übersehen, in wie hohem Grade der rechtmässige Besitz der „Sendung" und der „Handauflegung" die Gemüter auch bei denjenigen Brüdern beschäftigte, die um 1525 die Spättaufe einführten. Sie waren noch um 1530 und später, ebenso wie die Brüder in Böhmen, die sich um 1467 die Amtsgewalt von dem Waldenser-Bischof Stephan in Österreich holten, davon überzeugt, dass ohne die „Sendung" ihre eigne Gemeinschaft keine rechtsbeständige Kraft besitze [1]).

Wir sprechen hier von den Verhältnissen, wie sie zu Beginn des schweren Ringens um die Taufe in den altevangelischen

---

„Die Picarder, von Valdo also verleitet, sind in Böhem ein sonder christlich Volk und Sect der Christen. Diese führen sehr einen christlichen, ungefärbten Wandel, rufen kein Heiligen oder Creatur an, aber allein Gott, schweren nicht aller Ding, achtens einem Christen für unziemlich. Haben aller Ding kein Bild, neigen sich nicht gegen ihnen, beten es auch nicht an. Geben für, man soll das Sacrament nicht anbeten, sonder Christum zur Rechten seines Vaters und Gott im Geist und Wahrheit. Sie leiden kein Bettler unter ihnen, helfen und rathen einander brüderlich. Doch sind sie in zween, oder als Etliche wollen, in drei Haufen getheilt, in den grossen, kleinen und gar kleinen, die halten es aller Ding mit den Wiedertäufern, haben alle Ding gemein, taufen kein Kind, halten nicht von des Herrn Leib im Sacrament... Ihrer sind allzeit auf das wenigst ob achtzig Tausend."

[1]) Die Beweise bei Keller, Joh. v. Staupitz, S. 254 ff.

Gemeinden bestanden. Denn es ist zuzugeben, dass sich unter den Eindrücken dieser Kämpfe Verschiebungen und Trübungen der alten Überlieferungen vollzogen.

Es ist unbestritten, dass die Glaubenslehre und die Überzeugungen, wie sie Luther seit 1525 vertrat, und wie er sie in seiner, der lutherischen Kirche, zu rechtlicher Anerkennung brachte, erheblich abwichen von den Anschauungen, die er seit 1517 im Anschluss an Tauler und die deutsche Mystik hegte. Gleichwohl ist es allgemein üblich und begegnet keinerlei Einwendungen, wenn man die Geschichte der lutherischen Religion und Kirche schon mit dem Jahre 1517 beginnt. Man findet die Kontinuität der Entwicklung in der Person Luthers hinreichend gewahrt.

Ebenso ist es unbestreitbar, dass die Führer der altevangelischen Gemeinden die Anschauungen und Überzeugungen, die wir bei ihnen seit mindestens 1522 nachweisen können, nach dem Jahre 1525 nicht wesentlich oder grundsätzlich geändert haben. Wenn man aber die Kontinuität der „Christen-Gemeinden", die um 1522 und früher bestanden, mit denjenigen, die nach 1525 existierten, unter Hinweis auf die Gleichheit aller wesentlichen Glaubenslehren (die Form der Taufe gehörte zu den wesentlichen Eigentümlichkeiten dieser Gemeinden eben nicht) als bewiesen erachtet, so wird das für „unwissenschaftlich" erklärt. Dass auch hier der Zusammenhang schon durch die Personen der Führer hinreichend gewahrt erscheint, wird bestritten.

Es wäre nicht schwer, zu den Beweisen für die Zusammenhänge, die wir hier und in den mehrfach erwähnten Schriften[1]) gesammelt haben, noch weitere beizubringen.

Aber für diejenigen, die sehen wollen, bedarf es solcher nicht und die, die nicht sehen wollen, werden sich auch durch weitere Gründe und Thatsachen nicht belehren lassen und unbeirrt die alte Hypothese weiter vortragen, wonach alle Übereinstimmungen und Ähnlichkeiten, die doch nun einmal nicht hinwegzuleugnen sind, lediglich davon herrühren, dass sowohl die „Waldenser" wie die „Wiedertäufer" bibelgläubige „Sektierer" waren,

---

[1]) Keller, Die Reformation; Ders., Joh. von Staupitz; Ders., Die Waldenser u. die deutschen Bibelübersetzungen 1886; Ders., Zur Geschichte der altevangelischen Gemeinden. Berlin 1887.

die in Folge der gleichen Lektüre zu den gleichen Einrichtungen und Glaubenslehren gekommen sind und kommen mussten.

So bequem diese Annahme ist, so unhaltbar ist sie. Wenn es bewiesen wäre, dass Männer, die sich den engen Anschluss an die Vorschriften der Bibel zum Gesetz machen, zu den gleichen oder nahezu gleichen Ergebnissen bezüglich ihres Inhalts zu kommen pflegten, so könnte ja mit einigem Recht ein derartiger Erklärungsversuch gemacht werden. Ist es nicht aber vielmehr beweisbar, dass Männer, welche unabhängig von einander die Bibel studieren, fast jedesmal zu abweichenden Ergebnissen in vielen und wichtigen Punkten kommen? Hat sich nicht auch Luther den gewissenhaften Anschluss an die h. Schriften zur obersten Richtschnur gemacht und ist er nicht gleichwohl zu anderen Überzeugungen gekommen wie die „Wiedertäufer"? Und behaupten nicht alle neueren Sekten, die seit hundert Jahren auf evangelischem Boden erwachsen sind — ich erinnere z. B. an die apostolische Kirche der Irvingianer —, dass sie ebenfalls ihre Verfassung und Lehre auf dem Grund der Bibel und nur auf Grund der Bibel aufgebaut haben? Und stimmt etwa die eine dieser Sekten mit der andern überein?

Aber wir wollen einräumen, so erfahrungswidrig es ist, dass die Übereinstimmung zwischen jenen Ketzerschulen, die bis vor 1517 unter dem Namen „Waldenser" verfolgt wurden und denen seit 1525 das gleiche Loos unter dem Namen „Wiedertäufer" zuteil ward, auf der Benutzung der gleichen Glaubensquelle beruht. Dann bleibt aber noch immer die Thatsache übrig, dass zwischen beiden, angeblich von einander unabhängigen Religionsgemeinschaften auch in solchen Dingen Übereinstimmung besteht, von denen in den h. Schriften mit keinem Buchstaben die Rede ist. Es ist sehr bequem, diese Thatsache totzuschweigen, aber damit ist sie doch noch nicht aus der Welt geschafft. Es sind einige sehr wichtige und viele andere sehr äusserliche Punkte, die hier in Betracht kommen und sie finden sich in so grosser Zahl, dass sie sich jedem aufdrängen, der nur einigermassen sehen will. Die eigentümliche Stellung, die sowohl die „Waldenser" wie die „Wiedertäufer" zum alten Testament, besonders zu den historischen Schriften desselben einnehmen[1]), kann

---

[1]) S. darüber Keller, Staupitz etc. S. 101. 162. 166. 342.

doch nicht wohl aus Vorschriften der Bibel selbst abgeleitet werden. Die Thatsache, dass in den Waldenserbibeln, und zwar nur in diesen, der Brief des Paulus an die Laodicäer erscheint und dass die Täuferbibeln des 16. Jahrhunderts denselben Brief enthalten, kann doch nicht zufällig sein. Die Stellung zur Todesstrafe in beiden Gemeinschaften, zur Frage der Friedhöfe, gewisse kultische Formen des Gebets, des Abendmahls, Grundsätze beim Kirchenbau, die graue Tracht der Apostel und Wanderprediger, vielfach gleiche, sehr sonderbare Kunstausdrücke in kirchlichen Dingen[1] — wo sind für alle diese Dinge die Stellen der Bibel zu finden, aus denen sie entnommen sein könnten?

Indessen, dem sei wie ihm wolle, es muss und soll eben hier eine „neue Sekte" vorhanden sein. Die Bestreitung dieser „längst anerkannten Thatsache" entspringt angeblich einer „unkritischen Methode" und beweist eine parteiische Stellungnahme zu Gunsten der „Sekten". Dass es unratsam ist, Ansichten, deren Bestreitung den Verdacht mangelnder Rechtgläubigkeit erweckt, von sich zu geben, hat in sehr naiver Weise schon G. C. Rieger in seinem bekannten „Saltzbund" (1732) ausgesprochen: „Ich bekenne meine Schwachheit aufrichtig, dass ich mich nicht habe überwinden können, die .... Spuren des Altertums von einer Kirche, die die apostolische Wahrheit rein beibehalten hat ... hinwegzulassen und aus Furcht der Chikanerien des Gegenteils gleichsam zu verstecken".

Obwohl so ausgezeichnete Kenner der Ketzergeschichte des Mittelalters und des Anabaptismus wie J. C. Füsslin und J. L. Mosheim[2], von denen wohl keiner des Mangels an Methode und kritischer Schulung verdächtig sein dürfte, die Richtigkeit

---

[1] Näheres hierüber bei Ernst Müller, Gesch. der Bernischen Täufer. Francufeld. J. Huber, 1895. S. 60 ff. und bei Keller, Staupitz S. 250. Merkwürdig ist auch die Übereinstimmung in den Formen des Tischgebetes bei „Waldensern" und „Täufern"; s. Halbertsma, De Doopsgez. en bunne herkomst Deventer 1843.

[2] J. L. Mosheim schreibt in den Institut. Hist. Eccles. Libri IV. Helmst. 1755 p. 791: Non prorsus mentiri puto Mennonitas, qui ab illis, qui testes veritatis ante Lutherum vocari solent, Waldensibus, Petrobrusianis et aliis se descendere gloriantur. Latebant ante Lutheri aetatem per universam fere Europam, maxime inter Bohemos, Helvetos et Germanos plurimi, quorum animis alte infixum erat praeceptum illud, quod Waldenses, Wiclefitae et Hussitae, alii obscurius, alii clarius, defenderant etc.

der von uns vertretenen Auffassung nicht nur behauptet, sondern mit Gründen dargethan haben, so ist es doch noch heute nicht gelungen, in den Kreisen derjenigen Theologen und Historiker, die sich zu den zünftigen Gelehrten im engeren Sinne zählen, den Glauben an die Erfindungen der Streittheologie des 16. und 17. Jahrhunderts zu erschüttern [1]).

Was so tief eingewurzelt ist und mit kirchlichen Gesichtspunkten so eng zusammenhängt, lässt sich ja auch nicht so rasch beseitigen. Indessen ist es doch erfreulich, dass die Zahl der Forscher, die sich in dieser Sache auf unsere Seite stellt, in erfreulicher Zunahme begriffen ist [2]) und es ist ganz richtig, was neuerdings behauptet worden ist: **die hier vertretenen Auffassungen greifen um sich und beginnen Schule zu machen.**

---

[1]) Noch ganz neuerdings ist an zwei Stellen, nämlich im ersten Bande der dritten Auflage der „Realencyklopädie für protest. Theologie u. Kirche" (Lpz. 1896) S. 483 von Uhlhorn und in den „Göttinger Gel. Anzeigen" 1896 S. 549 von Loserth ausdrücklich behauptet worden, dass „die Taufgesinnten nicht die Nachfolger der alten Waldesier sind". Beweise sind freilich weder an dem einen noch an dem anderen Orte beigebracht worden. Ähnlich spricht sich Bossert aus (Theol. Litt.-Zeitung 1896 nr. 4 Sp. 105 ff.).

[2]) A. Nicoladoni, Johannes Bünderlin von Linz und die oberösterreichischen Täufergemeinden in den Jahren 1525—1531. Berlin. R. Gärtners Verlag 1893. — Ernst Müller, Gesch. der Bernischen Täufer. Nach den Urkunden dargestellt. Frauenfeld, Huber 1895.